技工院校新能源汽车检测与维修专业（中/高级技能层级）

新能源汽车车载网络系统检修习题册

主　编　廖新锋

中国劳动社会保障出版社

简介

本习题册是技工院校新能源汽车检测与维修专业教材（中 / 高级技能层级）《新能源汽车车载网络系统检修》的配套用书。习题册内容紧扣教学要求，注重基础知识的巩固和基本能力的培养，知识点分布均衡，题型丰富，难易适当，有助于学生复习巩固所学知识。

本习题册由廖新锋任主编，林阳浩、李全党、张春召、林贞贤、张井昱参与编写。

图书在版编目（CIP）数据

新能源汽车车载网络系统检修习题册 / 廖新锋主编. 北京：中国劳动社会保障出版社，2025. --（技工院校新能源汽车检测与维修专业）. -- ISBN 978-7-5167-7048-1

Ⅰ. U469.720.7-44

中国国家版本馆 CIP 数据核字第 20257QA930 号

中国劳动社会保障出版社出版发行

（北京市惠新东街 1 号　邮政编码：100029）

*

北京市鑫霸印务有限公司印刷装订　　新华书店经销

787 毫米 ×1092 毫米　16 开本　6.75 印张　110 千字

2025 年 5 月第 1 版　　2025 年 5 月第 1 次印刷

定价：14.00 元

营销中心电话：400-606-6496

出版社网址：https://www.class.com.cn

https://jg.class.com.cn

目　录

模块一　新能源汽车车载网络系统检修基础 …… 1

任务 1　汽车车载网络系统概述 …… 1

任务 2　新能源汽车车载网络系统检修基本操作 …… 7

任务 3　网关控制模块检修 …… 15

模块二　新能源汽车动力网络系统检修 …… 20

任务 1　电池管理控制模块检修 …… 20

任务 2　驱动电机控制模块检修 …… 25

任务 3　充配电总成检修 …… 28

任务 4　整车控制模块检修 …… 33

模块三　新能源汽车 ESC 网络系统检修 …… 37

任务 1　ABS 控制模块检修 …… 37

任务 2　EPS 控制模块检修 …… 41

任务 3　EPB 控制模块检修 …… 47

模块四　新能源汽车舒适网络系统检修 …… 52

任务 1　车身控制模块检修 …… 52

任务 2　组合开关控制模块检修 …… 56

任务 3　安全气囊控制模块检修 …… 61

任务 4　电动车窗控制模块检修 …… 64

任务 5　多媒体控制模块检修 …… 69

任务 6　智能钥匙控制模块检修 …… 72

任务 7　空调控制模块检修 …… 77
任务 8　电动压缩机控制模块检修 …… 82
任务 9　PTC 加热器控制模块检修 …… 85

综合试卷（一） …… 90

综合试卷（二） …… 96

模块一
新能源汽车车载网络系统检修基础

任务 1　汽车车载网络系统概述

一、填空题

1. 汽车车载网络利用____________将汽车上的各种电子装置和设备互联成一个网络。

2. 多路传输系统中的电子控制单元模块被称为________。

3. ____________是模块间传输数据信息的通道，即所谓的信息高速公路。

4. CAN 总线系统通常采用____________进行数据传输。

5. 数据总线的数据传输速率通常用__________表示。

6. CAN 总线系统主要由________________________、________________________、2 个______________________和 2 条数据传输线等组成。

7. 在 CAN 总线系统中，为了防止数据在传输终了被反射回来，需要在 CAN 总线两端安装____________。

8. MOST 总线系统是一种用于__________数据传输的网络系统。

9. LIN 总线系统是一种成本较低的通信网络，可用于实现__________电子控制系统网络。

10. ____________是指在同一条通道或线路上同时传输多个数据信息。

二、判断题

1. 数据总线只能单向传输数据。 ( )

2. 在多路传输系统中，每个时间段只能由一个信号占用。 ( )

3. CAN 总线系统支持高达 10 Mbit/s 的数据传输速率。 ( )

4. 汽车车载网络系统可以显著增强汽车电子控制系统的稳定性和灵活性。 ( )

5. 多路传输系统比常规线路系统所用的导线要少得多。 ( )

6. 一条数据总线上传输的数据信息可以被多个模块共享，从而最大限度地提高系统整体效率，充分利用有限的资源。 ( )

7. 在汽车车载网络系统中，网关是一种具有特殊功能的电子控制单元。 ( )

8. 数据帧是原始数据的直接传输单元，不需要分割。 ( )

9. MOST 总线系统通常采用光纤或同轴电缆作为传输介质。 ( )

10. MOST 是控制器区域网络的缩写。 ( )

三、单项选择题

1. 汽车车载网络系统的主要功能不包括（ ）。

A. 多路传输功能　　B. 故障保护功能

C. 增加电子控制单元数量　　D. 故障自诊断功能

2.（ ）总线系统是目前汽车车载网络系统中应用最广泛、最主流的现场总线技术。

A. LIN　　B. CAN

C. MOST　　D. FlexRay

3. 通常用于局域网的传输介质不包括（ ）。

A. 单绞线　　B. 双绞线

C. 同轴电缆　　D. 光纤

4. 通信协议的功能不包括（ ）。

A. 差错监测和纠正　　B. 数据加密

C. 分块和重装　　D. 流量控制

5. CAN 总线系统的数据传输终端实际上是（　　）。

A. 电阻器　　B. 电容器

C. 电感器　　D. 变压器

6. 在 CAN 总线系统中，（　　）负责将数字信号转换为电信号。

A. CAN 控制器　　B. CAN 收发器

C. 数据传输终端　　D. 数据传输线

7. 汽车车载网络是一种（　　）。

A. 城域网　　B. 无线网

C. 广域网　　D. 局域网

8.（　　）总线系统是一种多主总线。

A. LIN　　B. CAN

C. MOST　　D. FlexRay

9.（　　）总线系统适用于汽车线控系统。

A. LIN　　B. CAN

C. MOST　　D. FlexRay

10. 对不兼容却需要相互通信的数据总线和网络来说，（　　）起到了桥梁作用。

A. 架构　　B. 网关

C. 通信协议　　D. 数据总线

四、简答题

1. 简述汽车车载网络系统的优点。

2. 简述汽车车载网络系统的组成。

3. 简述 CAN 总线系统的特点。

4. 简述 CAN 总线系统的工作原理。

5. 简述 CAN 总线系统的数据传输过程。

6. 根据图 1–1–1 所示数据帧的格式，在表 1–1–1 中写出对应部分的名称及作用。

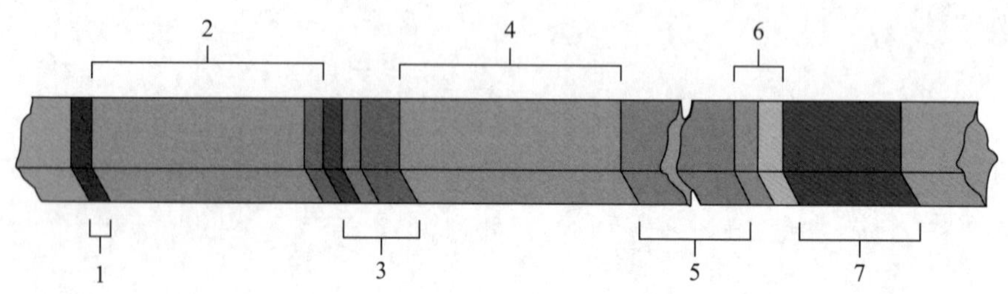

图 1–1–1　数据帧的格式

表 1–1–1　数据帧各部分的名称及作用

序号	名称	作用
1		
2		
3		
4		
5		

续表

序号	名称	作用
6		
7		

任务2 新能源汽车车载网络系统检修基本操作

一、填空题

1. 以比亚迪 e5 为例，其车载网络 CAN 总线系统主要包括__________CAN 总线系统、____________CAN 总线系统和____________CAN 总线系统等。

2. CAN 总线系统中的数据信息传输都是通过两个逻辑状态____________________和____________________来实现的。

3. 新能源汽车车载网络系统的故障类型主要包括____________故障、____________故障和____________故障等。

4. CAN-H、CAN-L 的电压之差称为________电压。

5. __________________是车载自诊断系统的外部接口，将车载网络 CAN 总线系统诊断线路外接。

6. OBD 诊断口通过 CAN 总线分别将动力网、ESC 网、舒适网与________控制模块相连。

7. 以比亚迪 e5 为例，ESC 网 CAN 总线系统的传输速率为__________kbit/s。

8. 以比亚迪 e5 为例，OBD 诊断口插接器 G03/16 端子的功能定义为________。

9. 测量 OBD 诊断口电源电路熔丝对地电压时，应将数字式万用表置于__________挡。

10. 以比亚迪 e5 为例，动力网 CAN 总线系统的终端电阻分别在________________和______________________中。

二、判断题

1. 新能源汽车车载网络 CAN 总线系统中所有总线的传输速率都是相同的。（　　）
2. 当 CAN 总线系统出现断路故障时，其电压波形不会出现异常。（　　）
3. 新能源汽车车载网络系统控制模块的工作电压需要维持在 11 ~ 14 V 之间。（　　）
4. 在检测 CAN 总线电压波形时，可以使用万用表进行。（　　）
5. 节点故障属于控制模块故障范畴，分为软件故障和硬件故障两类。（　　）
6. 以比亚迪 e5 为例，起动子网 CAN 总线系统的传输速率为 125 kbit/s。（　　）
7. CAN 总线系统终端电阻的标准值通常为 130 ~ 140 Ω。（　　）
8. 只要不拆下蓄电池，汽车电子控制系统的故障码将一直保存在电子控制单元内。（　　）
9. CAN–H、CAN–L 的电压一直保持互补状态，CAN–H、CAN–L 的电压之和为常数 10 V。（　　）
10. 测量 OBD 诊断口电源电路熔丝对地电压时，需要将起动按钮置于 ON 挡位。（　　）

三、单项选择题

1. 以比亚迪 e5 为例，动力网 CAN 总线系统的传输速率为（　　）kbit/s。

A. 125　　B. 250

C. 500　　D. 750

2. 在高速 CAN 总线系统中，当差分电压为 0 V 时，表示的逻辑状态是（　　）。

A. 显性　　B. 隐性

C. 显性和隐性　　D. 无法确定

3. 在新能源汽车车载网络系统检修流程中，连接故障诊断仪之后的操作是（　　）。

A. 检查控制模块的供电和搭铁回路　　B. 检测终端电阻

C. 检查 CAN 总线数据传输线　　D. 读取故障码

4. 节点故障一般采用（　　）进行检测。

A. 短路法　　B. 替换法

C. 断路法　　D. 试灯法

5. 以比亚迪 e5 为例，OBD 诊断口插接器（　　）端子的功能定义为舒适网 CAN-H。

A. G03/3　　B. G03/12

C. G03/6　　D. G03/16

6.（　　）CAN 总线系统故障可能导致无法上低压电和高压电、汽车无法行驶和无法充电等。

A. 动力网　　B. ESC 网

C. 舒适网　　D. 起动子网

7. 以比亚迪 e5 为例，整车控制模块挂载在（　　）CAN 总线系统中。

A. 动力网　　B. ESC 网

C. 舒适网　　D. 起动子网

8. 以比亚迪 e5 为例，ESC 网 CAN 总线系统的终端电阻分别在网关控制模块和（　　）中。

A. EPB 控制模块　　B. EPS 控制模块

C. ABS 控制模块　　D. 转向盘转角传感器

9. 以比亚迪 e5 为例，空调面板控制模块挂载在（　　）CAN 总线系统中。

A. 动力网　　B. ESC 网

C. 舒适网　　D. 起动子网

10. 通过示波器读取 CAN 总线电压波形时，如果 CAN-L 的最大电压差比正常最大电压差大一倍，说明（　　）。

A. CAN-H 断路　　B. CAN-L 断路

C. CAN-H 对负极短路　　D. CAN-L 对负极短路

四、简答题

1. 简述新能源汽车车载网络 CAN 总线系统的特点。

2. 简述新能源汽车车载网络系统的检修注意事项。

3. 简述新能源汽车车载网络系统检修作业前的准备工作。

4. 简述通过 OBD 诊断口检测 CAN 总线电路的内容。

5. 根据图 1-2-1 所示的 OBD 诊断口电路，分析 OBD 诊断口 CAN 总线电路。

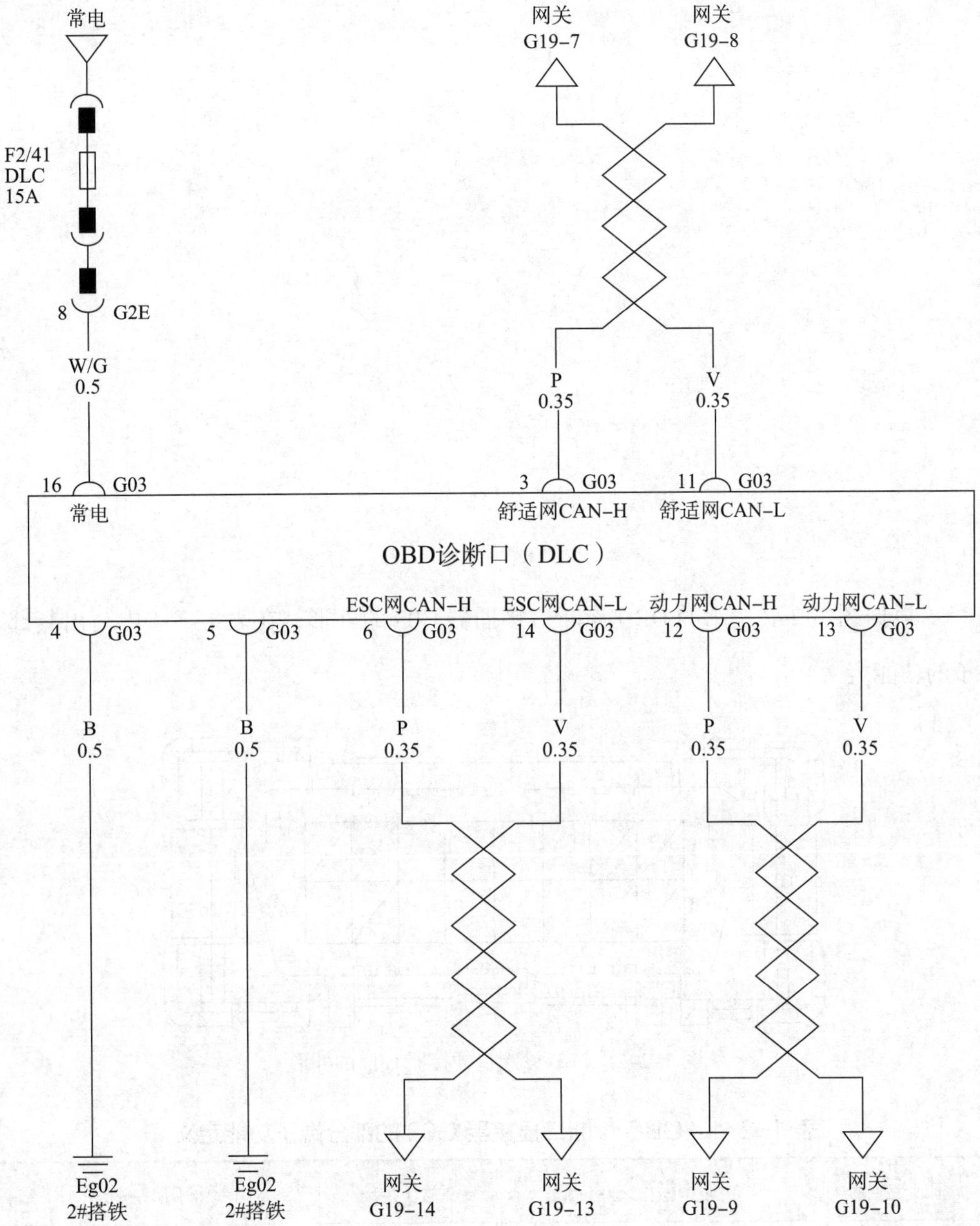

常电
F2/41
DLC
15A
8 G2E
W/G
0.5
16 G03
常电
网关
G19-7
网关
G19-8
P
0.35
V
0.35
3 G03
舒适网CAN-H
11 G03
舒适网CAN-L
OBD诊断口（DLC）
ESC网CAN-H
ESC网CAN-L
动力网CAN-H
动力网CAN-L
4 G03
5 G03
6 G03
14 G03
12 G03
13 G03
B
0.5
B
0.5
P
0.35
V
0.35
P
0.35
V
0.35
Eg02
2#搭铁
Eg02
2#搭铁
网关
G19-14
网关
G19-13
网关
G19-9
网关
G19-10

图 1-2-1 OBD 诊断口电路

6. 根据图 1–2–2 所示的 OBD 诊断口接插器 G03 的外形，在表 1–2–1 中写出其部分端子的功能定义。

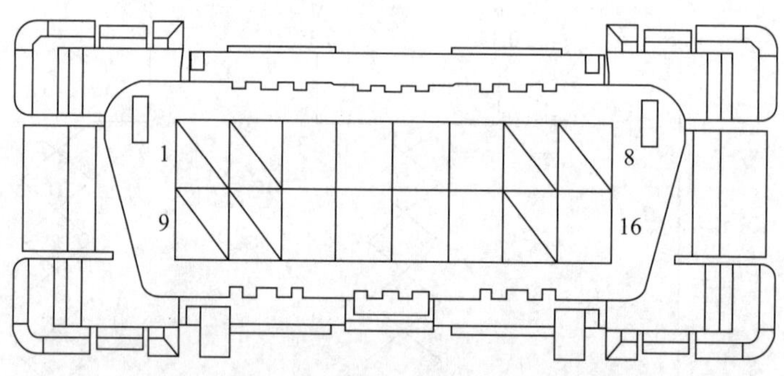

图 1–2–2 OBD 诊断口插接器 G03 的外形

表 1–2–1 OBD 诊断口插接器 G03 的部分端子功能定义

端子号	功能定义	端子号	功能定义
G03/3		G03/11	
G03/4		G03/12	
G03/5		G03/13	
G03/6		G03/14	
G03/8		G03/16	

任务3 网关控制模块检修

一、填空题

1. 网关控制系统是在采用不同体系结构或通信协议的网络之间进行互通时，实现__________、__________等网络兼容功能的系统。

2. 网关控制系统主要由__________、CAN 总线（主总线）等组成。

3. 网关控制模块 CAN 总线电压波形可通过__________进行测量。

4. 网关控制模块外部终端电阻的标准值约为__________Ω。

5. 测量网关控制模块电源电路熔丝 F2/46 对地电压时，应将起动按钮置于__________挡位。

6. 网关控制模块与电池管理控制模块通过__________主总线相连。

二、判断题

1. 网关控制系统只能用于广域互联，不能用于局域互联。（ ）

2. 网关控制模块的安装位置因车型而异，比亚迪 e5 的网关控制模块安装在车辆仪表板手套箱后方。（ ）

3. 若网关控制模块内部终端电阻的测量值与标准值偏差过多，说明网关控制模块可能损坏。（ ）

4. 测量网关控制模块 CAN 总线电压时，应将起动按钮置于 OFF 挡位。（ ）

5. 测量网关控制模块外部终端电阻时，需要断开蓄电池正极电缆。（ ）

6. 网关控制模块舒适网内部终端电阻的标准值约为 120 Ω。（ ）

三、单项选择题

1. 在网关控制模块电源电路中，常电电路熔丝是（　　）。

A. F2/33　　B. F2/46

C. F2/11　　D. F2/22

2. 测量网关控制模块插接器电源端子 G19/12 对地电压时，应将起动按钮置于（　　）挡位。

A. OFF　　B. ON

C. ACC　　D. START

3. 网关控制模块 CAN 总线电压波形的正常范围是（　　）。

A. 0 ~ 1 V

B. 1.5 ~ 2.5 V（CAN–L）和 2.5 ~ 3.5 V（CAN–H）

C. 5 ~ 12 V

D. 12 ~ 24 V

4. 测量网关控制模块外部终端电阻的条件是（　　）。

A. 起动按钮置于 ON 挡位

B. 起动按钮置于 OFF 挡位且连接蓄电池负极电缆

C. 起动按钮置于 OFF 挡位且断开蓄电池负极电缆

D. 车辆行驶中

5. 网关控制模块与 ABS 控制模块通过（　　）主总线相连。

A. 动力网　　B. 舒适网

C. ESC 网　　D. 信息网

6. 更换网关控制模块后，应使用（　　）消除故障码。

A. 剥线钳　　B. 示波器

C. 故障诊断仪　　D. 电烙铁

四、简答题

1. 简述网关控制系统的主要功能。

2. 简述控制模块电源电路检测的内容。

3. 根据图 1–3–1 所示的网关控制模块电路，分析网关控制模块电源电路。

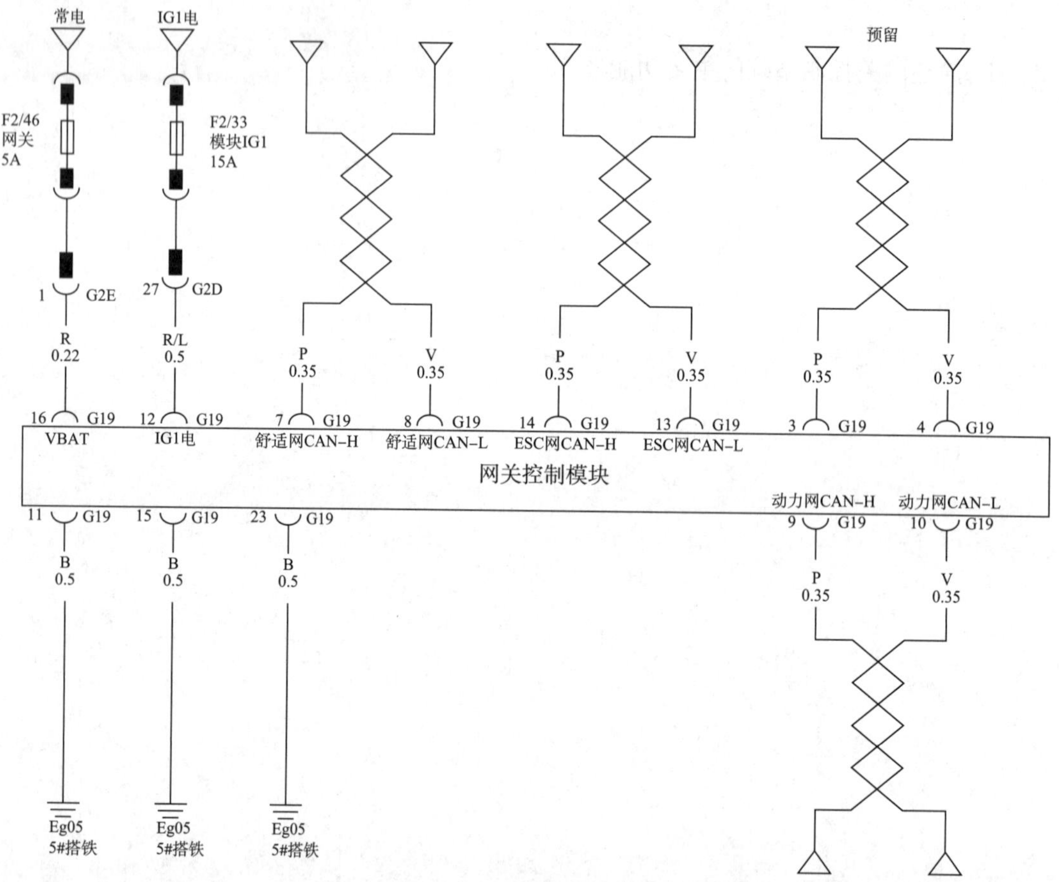

图 1–3–1　网关控制模块电路

4. 根据图 1–3–2 所示的网关控制模块插接器 G19 的外形，在表 1–3–1 中写出其部分端子的功能定义。

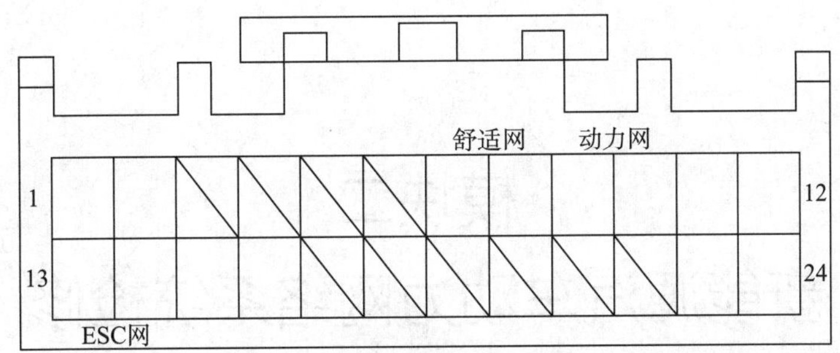

图 1–3–2　网关控制模块插接器 G19 的外形

表 1–3–1　网关控制模块插接器 G19 的部分端子功能定义

端子号	功能定义	端子号	功能定义
G19/7		G19/13	
G19/8		G19/14	
G19/9		G19/15	
G19/10		G19/16	
G19/11		G19/23	

模块二
新能源汽车动力网络系统检修

任务 1　电池管理控制模块检修

一、填空题

1. 电池管理系统（BMS）主要由________________________、____________________、________________________、____________________等组成。

2. 电池管理控制模块是电池管理系统的核心部件，其主要作用是监测和控制电池的____________过程，保证电池在安全、高效的状态下工作。

3. 以比亚迪 e5 为例，其电池管理控制模块的搭铁电路由插接器 BK45(B)/2 端子、插接器 BK45(B)/21 端子通过导线连接到搭铁______________。

4. 检测电池管理控制模块 CAN 总线电压时，动力网 CAN–H 对地电压的标准值为________________________V。

5. 以比亚迪 e5 为例，其电池管理控制模块由__________供电。

二、判断题

1. 电池管理系统的荷电状态（SOC）估算功能可以确保电池在合理的 SOC 范围内工作，防止过充电或过放电。（　　）

2. 电池管理控制模块插接器 BK45(B)/2 端子、插接器 BK45(B)/21 端子的功能定义是常电。 ( )

3. 电池管理控制模块的内部终端电阻和外部终端电阻的标准值是相同的。 ( )

4. 在检测电池管理控制模块电源电路时，应将起动按钮置于 ON 挡位。 ( )

5. 在更换电池管理控制模块时，需要先断开蓄电池正极电缆并等待 5 min。 ( )

三、单项选择题

1. 电池管理控制模块内部终端电阻的标准值约为（ ）Ω。

A. 60　　B. 120

C. 240　　D. 300

2. 在检测电池管理控制模块电源电路时，熔丝 F1/7 对地电压的标准值是（ ）V。

A. 11 ~ 14　　B. 5 ~ 8

C. 8 ~ 10　　D. 14 ~ 16

3.（ ）的主要作用是实时精准监测各单体电池的电压、电流、温度等关键参数。

A. 电池管理控制模块　　B. 电池信息采集器

C. 漏电传感器　　D. 车身控制模块

4. 比亚迪 e5 的电池模块由若干单体电池通过串联或并联的方式构成，其中 10 个电池模块均由 10 节单体电池串联而成，1 个电池模块由（ ）节单体电池串联而成。

A. 5　　B. 8

C. 12　　D. 15

5. 比亚迪 e5 的电池管理控制模块安装在车辆（ ）。

A. 前舱　　B. 副驾驶室

C. 驾驶室　　D. 后舱

四、简答题

1. 简述电池管理系统的主要功能。

2. 简述电池管理控制模块电源电路的检测项目。

3. 根据图 2–1–1 所示的电池管理控制模块电路（局部），分析电池管理控制模块 CAN 总线电路。

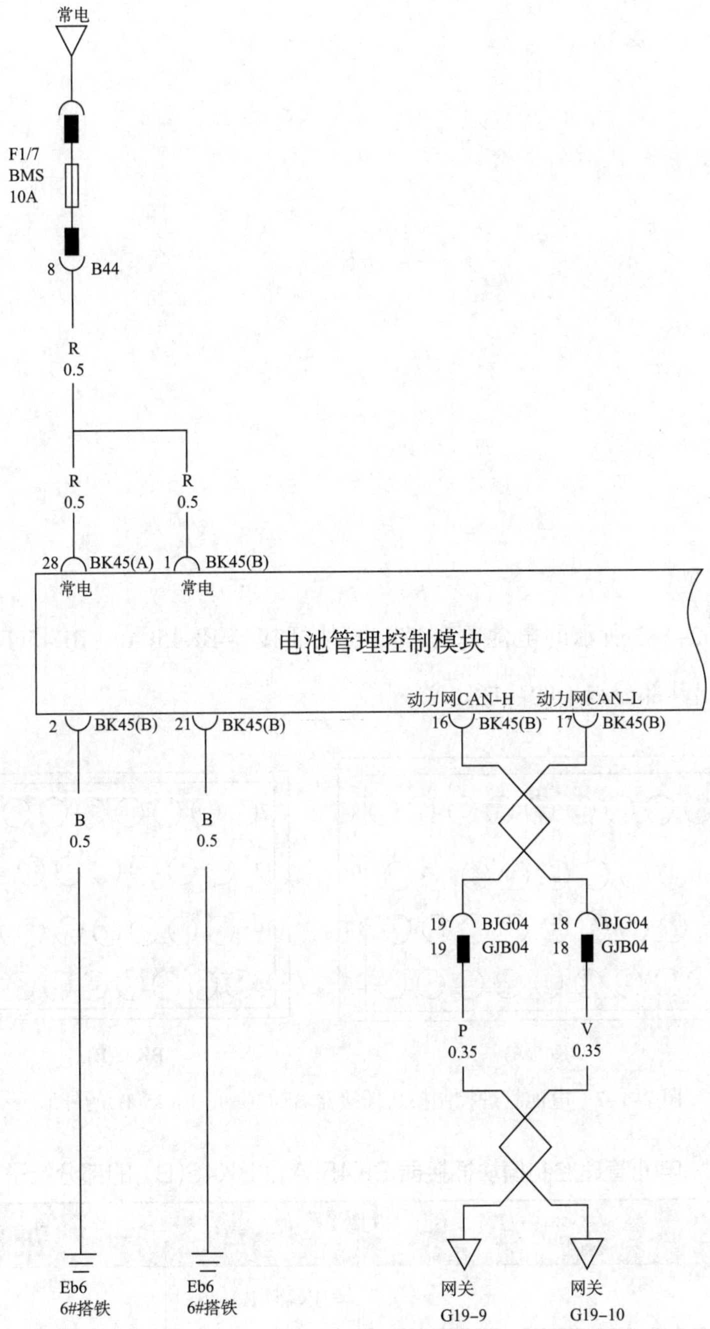

常电
F1/7
BMS
10A
8 B44
R
0.5
R
0.5
R
0.5
28 BK45(A) 1 BK45(B)
常电 常电
电池管理控制模块
动力网CAN–H 动力网CAN–L
2 BK45(B) 21 BK45(B) 16 BK45(B) 17 BK45(B)
B
0.5
B
0.5
19 BJG04 18 BJG04
19 GJB04 18 GJB04
P
0.35
V
0.35
Eb6
6#搭铁
Eb6
6#搭铁
网关
G19–9
网关
G19–10

图 2–1–1 电池管理控制模块电路（局部）

4. 根据图 2–1–2 所示的电池管理控制模块插接器 BK45（A）、BK45（B）的外形，在表 2–1–1 中写出其部分端子的功能定义。

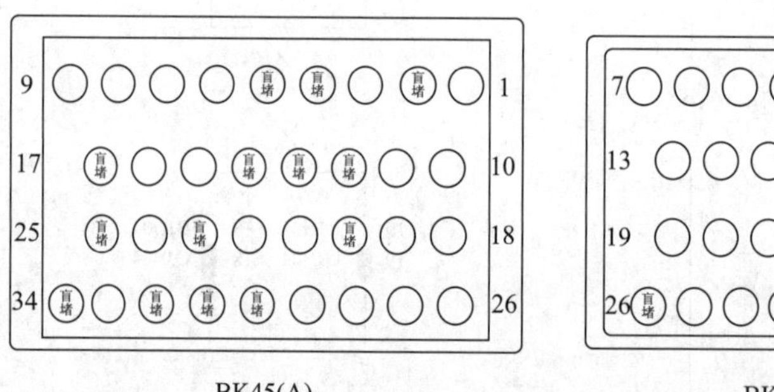

图 2–1–2　电池管理控制模块插接器 BK45（A）、BK45（B）的外形

表 2–1–1　电池管理控制模块插接器 BK45（A）、BK45（B）的部分端子功能定义

端子号	功能定义	端子号	功能定义
BK45（A）/28		BK45（B）/16	
BK45（B）/1		BK45（B）/17	
BK45（B）/2		BK45（B）/21	

任务 2 驱动电机控制模块检修

一、填空题

1. 驱动电机系统主要由____________、________________________及其工作必需的辅助装置（如减速器）等组成。

2. 驱动电机控制模块是驱动电机系统的核心部件，其主要作用是控制电机的__________、功率、转矩、转速等，实现车辆的______、______和正常行驶。

3. 以比亚迪 e5 为例，其驱动电机控制模块与网关控制模块、电池管理控制模块通过__________________进行连接。

4. 在检测驱动电机控制模块电源电路时，若熔丝对地电压在________________V 范围内，则说明供电正常。

5. 驱动电机控制模块主要由____________和____________等组成。

二、判断题

1. 驱动电机系统只负责驱动新能源汽车行驶，不涉及能量回馈。（ ）

2. 在检测驱动电机控制模块电源电路时，需要测量熔丝 F1/18 和插接器 B28/10 端子、插接器 B28/11 端子对地电压。（ ）

3. 驱动电机控制模块 CAN 总线电压波形可以使用电流表测量。（ ）

4. 更换驱动电机控制模块前，需要断开高压线束并进行验电。（ ）

5. 驱动电机控制模块插接器 B28/14 端子的功能定义为动力网 CAN–L。（ ）

三、单项选择题

1. 驱动电机系统的主要作用是将（ ）能转化为机械能。

A. 热　　B. 电

C. 化学　　D. 动

2. 比亚迪 e5 的驱动电机控制模块安装在车辆（　　）。

A. 后舱　　B. 前舱充配电总成下部

C. 底盘下方　　D. 发动机舱内

3. 检测驱动电机控制模块电源电路时，应使用（　　）。

A. 示波器　　B. 绝缘电阻测试仪

C. 数字式万用表　　D. 电流表

4. 驱动电机控制模块由（　　）供电。

A. 常电　　B. IG3 电

C. 高压直流电　　D. 低压 12 V 电

5.（　　）是电机控制中常用的位置传感器，能够精准测量电机转子的位置、转速和旋转方向。

A. 旋转变压器　　B. 温度传感器

C. 转速传感器　　D. 驱动电机控制模块

四、简答题

1. 简述驱动电机系统的主要功能。

2. 简述更换驱动电机控制模块时的注意事项。

3. 根据图 2–2–1 所示的驱动电机控制模块电路，分析驱动电机控制模块电源电路。

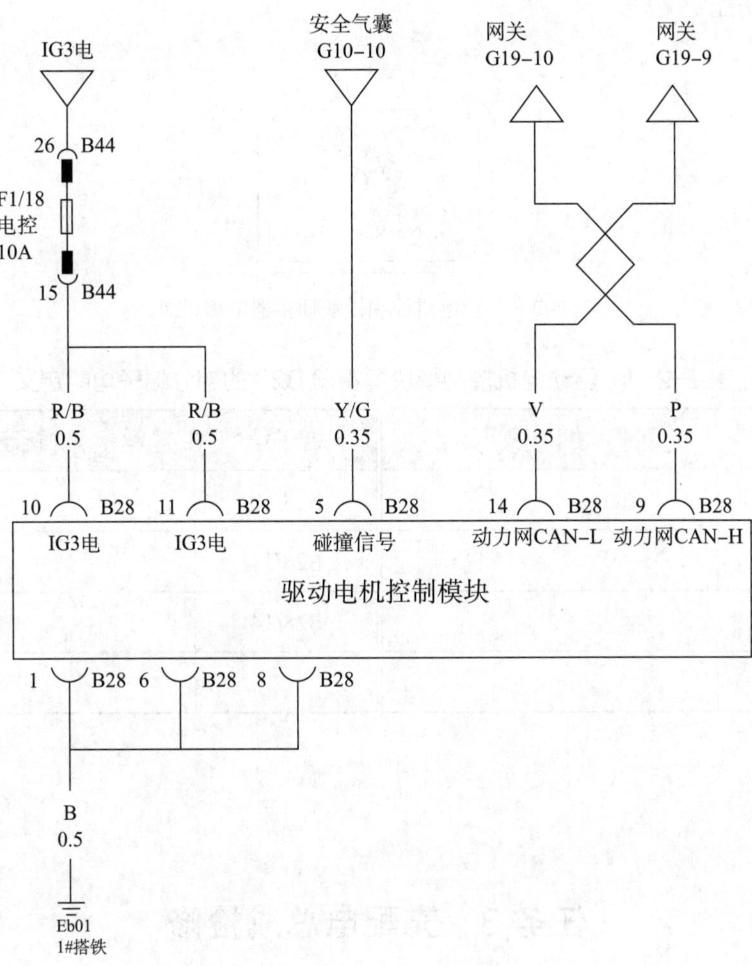

图 2–2–1 驱动电机控制模块电路

4. 根据图 2–2–2 所示的驱动电机控制模块插接器 B28 的外形，在表 2–2–1 中写出其部分端子的功能定义。

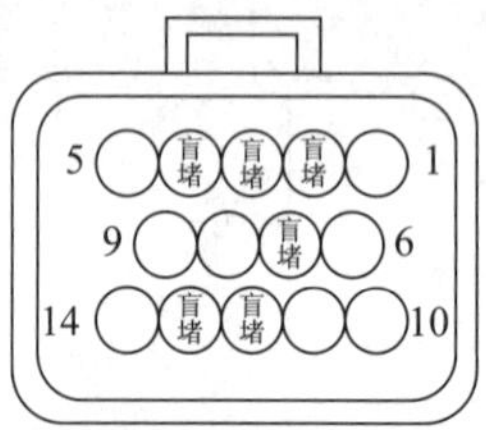

图 2–2–2　驱动电机控制模块插接器 B28 的外形

表 2–2–1　驱动电机控制模块插接器 B28 的部分端子功能定义

端子号	功能定义	端子号	功能定义
B28/1		B28/10	
B28/6		B28/11	
B28/8		B28/14	
B28/9			

任务 3　充配电总成检修

一、填空题

1. 在交流慢充模式下，充配电系统将输入的________电精准转换为适合电池特性的________电。

2. 在车辆加速时，充配电系统迅速为________________分配更多电能，以满足动力需求。

3. 充配电总成插接器搭铁端子对地电阻的标准值应小于________Ω。

4. 以比亚迪 e5 为例，其充配电总成内部集成________________、________________和________________________等部件。

5. 比亚迪 e5 的充配电总成安装在车辆__________。

二、判断题

1. 充配电系统只能兼容交流慢充模式，无法支持直流快充模式。（　　）

2. 接触器的作用是用小电流控制大电流负载，即通过 12 V 低压电控制高压电路的通、断。（　　）

3. DC/DC 变换器的主要作用是将一种电压的交流电转换为另一种电压的交流电。（　　）

4. 充配电系统可实现新能源汽车整车低压回路配电和高压漏电检测等功能。（　　）

5. 充配电总成外部终端电阻的测量应在断开蓄电池负极电缆和充配电总成插接器后进行。（　　）

三、单项选择题

1. 在充配电系统中，车载充电机的主要作用是（　　）。

A. 将高压直流电转换为低压直流电

B. 监测电池状态

C. 将交流电转换为直流电，为动力电池充电

D. 控制高压配电

2. 充配电总成由（　　）供电。

A. IG3 电　　B. 常电

C. 低压 12 V 电　　D. 高压直流电

3. 在检测充配电总成 CAN 总线电压波形时，若波形异常，则可能的原因不包括（　　）。

A. CAN 总线短路　　B. 插接器松动

C. 电源电路故障　　D. 充配电总成内部故障

4. 充配电系统高压安全保护机制的主要作用是（　　）。

A. 提高充电速度　　B. 防止漏电对车辆和乘员造成危害

C. 提供低压电源　　D. 分配电能

5. 在充配电总成的 CAN 总线电压中，CAN–H 对地电压的标准值为（　　）V。

A. 1.5 ~ 2.5　　B. 2.5 ~ 3.5

C. 3.5 ~ 4.5　　D. 0.5 ~ 1.5

四、简答题

1. 简述充配电系统的主要功能。

2. 简述高压配电箱的主要作用。

3. 根据图 2-3-1 所示的充配电总成电路（局部），分析充配电总成 CAN 总线电路。

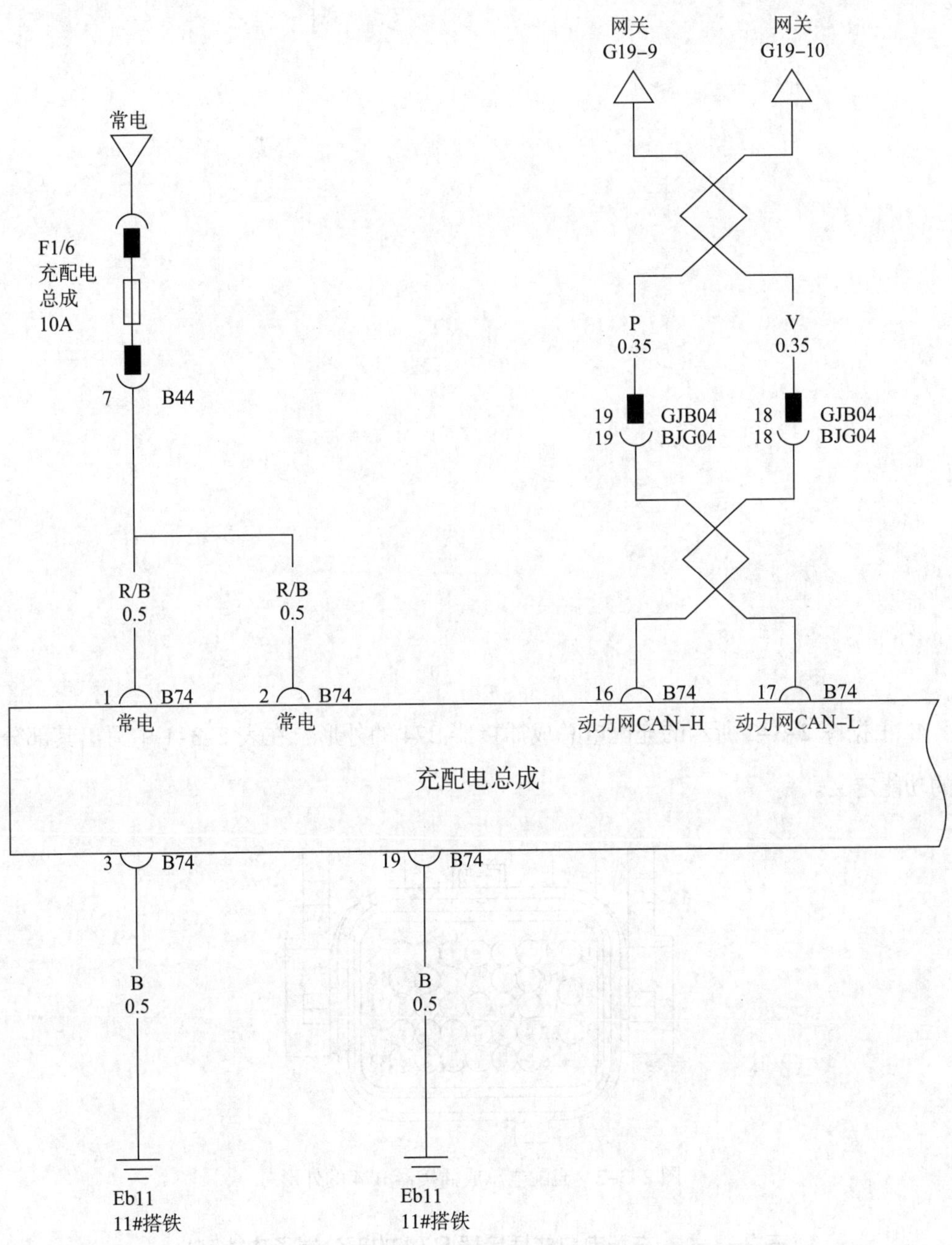

图 2-3-1 充配电总成电路（局部）

4. 根据图 2–3–2 所示的充配电总成插接器 B74 的外形，在表 2–3–1 中写出其部分端子的功能定义。

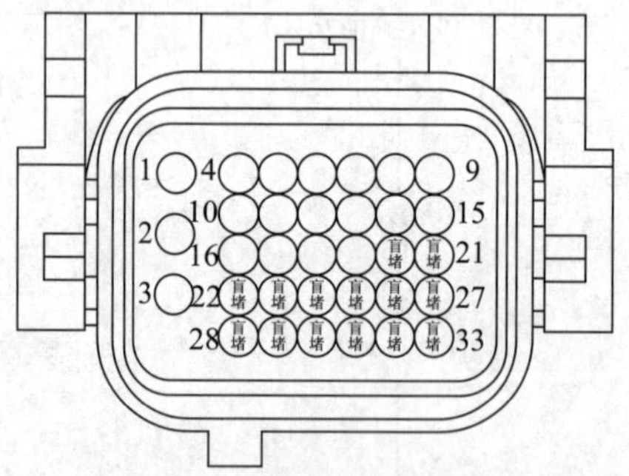

图 2–3–2　充配电总成插接器 B74 的外形

表 2–3–1　充配电总成插接器 B74 的部分端子功能定义

端子号	功能定义	端子号	功能定义
B74/1		B74/16	
B74/2		B74/17	
B74/3		B74/19	

任务4 整车控制模块检修

一、填空题

1. 整车控制系统主要由____________、____________、____________、____________和__________等组成。

2. 整车控制模块（VCU）通过采集加速踏板信号、制动踏板信号和其他部件信号，实现整车________、________和________等。

3. 比亚迪 e5 的整车控制模块安装在车辆____________。

4. 真空压力传感器主要用于检测真空助力制动系统的________，确保制动系统正常工作。

5. 整车控制模块外部终端电阻的标准值约为________Ω。

二、判断题

1. 整车控制模块是整车控制系统的核心，负责协调各部件的工作。（ ）

2. 在整车控制模块 CAN 总线电路中，终端电阻是由整车控制模块内部提供的。（ ）

3. 当整车控制模块的 CAN 总线电压波形异常时，可以直接判定为整车控制模块损坏。（ ）

4. 制动踏板位置传感器和加速踏板位置传感器均采用霍尔式传感器。（ ）

5. 电动真空泵通过电机直接驱动的方式迅速产生所需的真空源。（ ）

三、单项选择题

1. 整车控制模块由（ ）供电。

A. 常电　　B. IG3 电

C. 高压直流电　　D. 低压 12 V 电

2. 在检测整车控制模块CAN总线电路时，若（　　），说明CAN总线可能存在问题。

A. CAN–H对地电压为3.0 V　　B. CAN–L对地电压为2.0 V

C. 外部终端电阻为60 Ω　　D. CAN总线电压波形异常

3. 在整车控制模块CAN总线电压中，CAN–L对地电压的标准值为（　　）V。

A. 1.5 ~ 2.5　　B. 2.5 ~ 3.5

C. 3.5 ~ 4.5　　D. 0.5 ~ 1.5

4. 整车控制模块插接器搭铁端子对地电阻的标准值应小于（　　）Ω。

A. 0.1　　B. 1

C. 10　　D. 100

5. 整车控制系统的（　　）功能是指根据车辆的行驶状态和驾驶员的需求，合理分配电池能量给驱动电机、空调、音响等用电设备。

A. 车辆动态协调　　B. 能量管理

C. 能量分配优化　　D. 制动能量回馈控制

四、简答题

1. 简述整车控制系统的主要功能。

2. 简述整车控制模块CAN总线电路的检测项目。

3. 根据图 2–4–1 所示的整车控制模块电路（局部），分析整车控制模块电源电路。

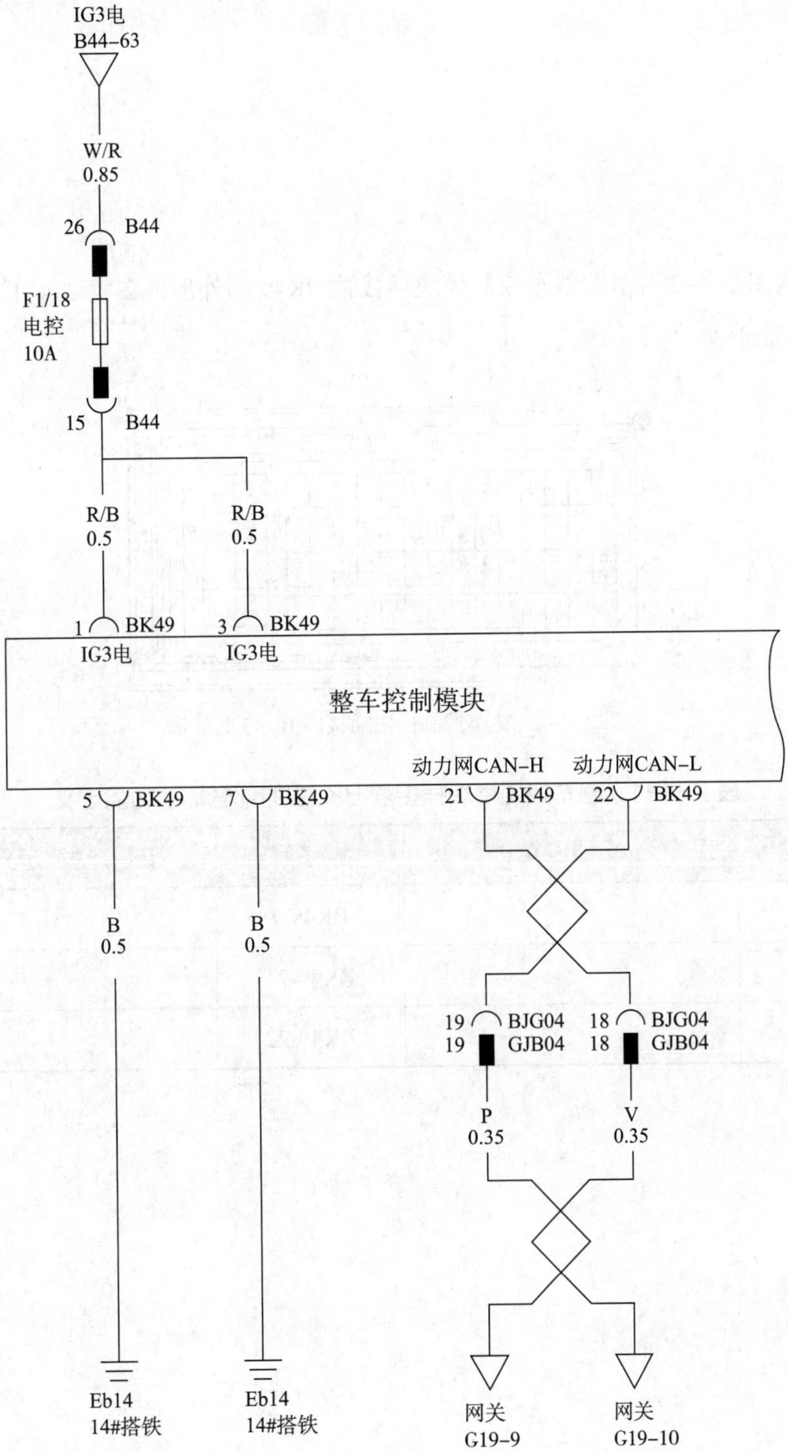

IG3电
B44–63
W/R
0.85
26 B44
F1/18
电控
10A
15 B44
R/B
0.5
R/B
0.5
1 BK49
IG3电
3 BK49
IG3电
整车控制模块
动力网CAN–H
动力网CAN–L
5 BK49
7 BK49
21 BK49
22 BK49
B
0.5
B
0.5
19 BJG04
19 GJB04
18 BJG04
18 GJB04
P
0.35
V
0.35
Eb14
14#搭铁
Eb14
14#搭铁
网关
G19–9
网关
G19–10

图 2–4–1 整车控制模块电路（局部）

4. 根据图 2–4–2 所示的整车控制模块插接器 BK49 的外形，在表 2–4–1 中写出其部分端子的功能定义。

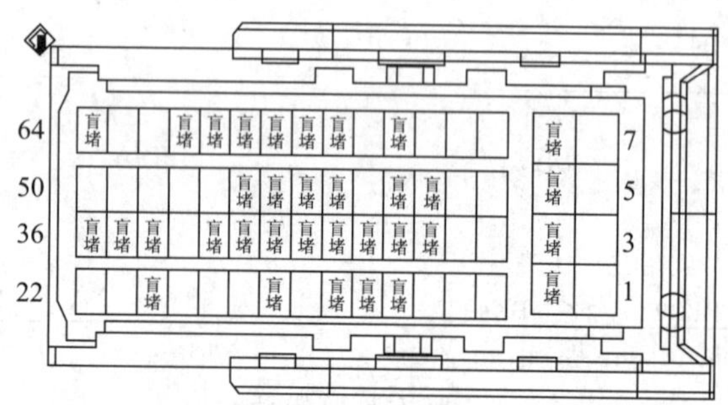

图 2–4–2　整车控制模块插接器 BK49 的外形

表 2–4–1　整车控制模块插接器 BK49 的部分端子功能定义

端子号	功能定义	端子号	功能定义
BK49/1		BK49/7	
BK49/3		BK49/21	
BK49/5		BK49/22	

模块三
新能源汽车 ESC 网络系统检修

任务 1 ABS 控制模块检修

一、填空题

1. 当车辆紧急制动时，防抱死制动系统（ABS）可以确保车轮不会被__________，从而使车辆仍然具有一定的转向能力。

2. ABS 控制模块通常与____________________和____________________等功能模块集成为一体。

3. ABS 通过控制车轮的__________，使车辆在制动过程中始终保持最佳的稳定性，不仅可以提高制动的效率和效果，还能在一定程度上缩短__________。

4. ABS 主要由__________、__________、__________、__________等组成。

5. 电动真空泵的主要作用是__________，以增加制动力。

二、判断题

1. ABS 具有智能调节功能，可以根据不同的路面条件和车辆状态自动调整制动策略。无论是在干燥的路面还是在湿滑、积雪等低附着路面，ABS 都能保持良好的制动性能。（　　）

2. ABS 能避免车轮在制动过程中长时间处于抱死状态，因此，可以减少轮胎的磨损，延长轮胎的使用寿命。（ ）

3. 真空助力器安装在制动踏板与制动主缸之间，其主要作用是利用真空与大气的压力差帮助驾驶员减轻踩下制动踏板的脚力。（ ）

4. 以比亚迪 e5 为例，其 ABS 主要组成部件安装在车辆仪表板下方。（ ）

5. 在更换 ABS 控制模块时，需补充制动液，无须进行基础制动排气。（ ）

三、单项选择题

1. ABS 控制模块的主要作用不包括（ ）。

A. 接收轮速传感器的信号

B. 计算制动参数，调节制动压力

C. 防止车轮抱死，提高行车安全性

D. 紧急制动时增加车轮制动力矩，缩短制动距离

2. ABS 控制模块插接器 B03 连接 CAN 总线的端子为（ ）。

A. B03/13 和 B03/38　　B. B03/26 和 B03/14

C. B03/1 和 B03/25　　D. B03/28 和 B03/31

3. ABS 控制模块与网关控制模块通过（ ）主总线进行连接。

A. 舒适网　　B. 动力网

C. ESC 网　　D. 起动子网

4. 更换 ABS 控制模块后，需要使用故障诊断仪进行（ ）操作。

A. 读取故障码　　B. 消除故障码

C. 读取数据流　　D. 进行系统自检

5. 更换 ABS 控制模块后，需要进行（ ）传感器标定。

A. 轮速　　B. 转向角

C. 制动压力　　D. 加速踏板

四、简答题

1. 简述防抱死制动系统（ABS）的主要功能。

2. 简述 ABS 控制模块电源电路的检测项目。

3. 根据图 3-1-1 所示的 ABS 控制模块电路（局部），分析 ABS 控制模块电源电路。

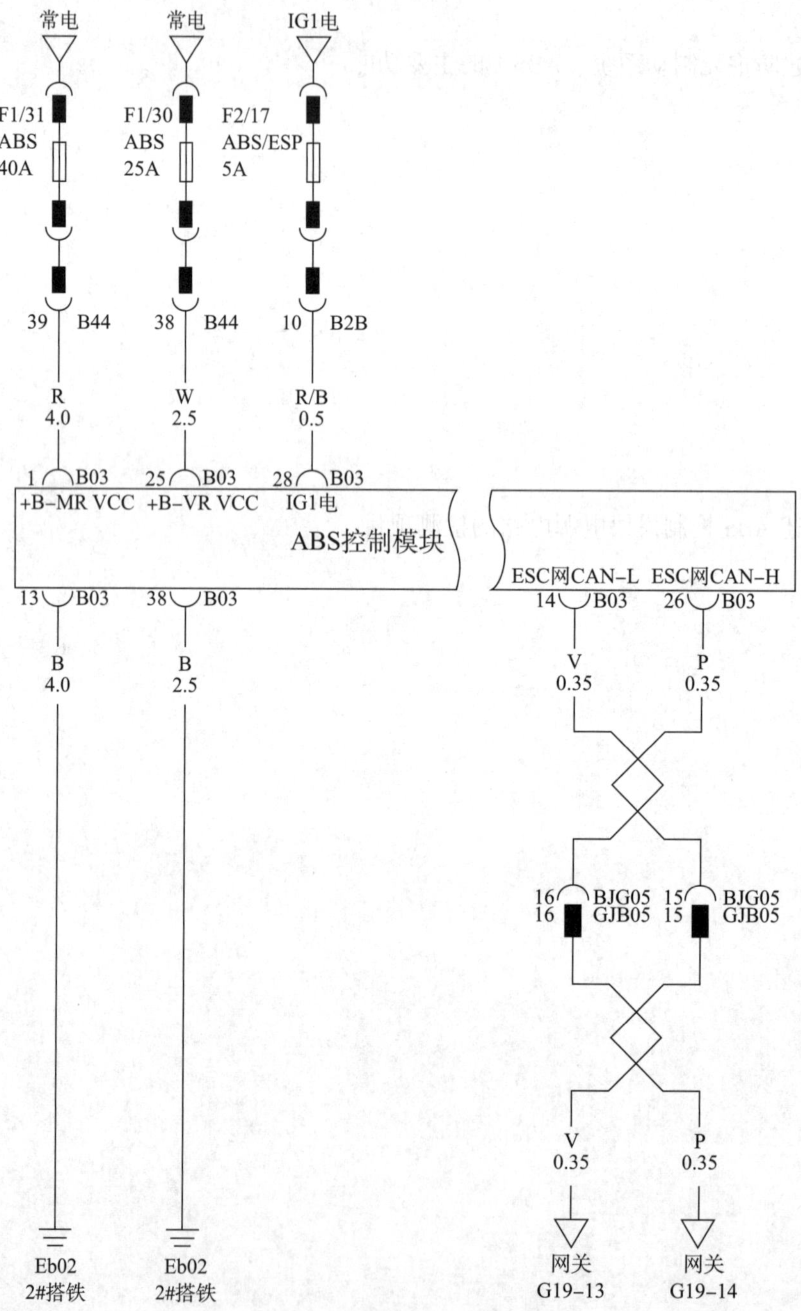

图 3-1-1　ABS 控制模块电路（局部）

4. 根据图 3-1-2 所示的 ABS 控制模块插接器 B03 的外形，在表 3-1-1 中写出其部分端子的功能定义。

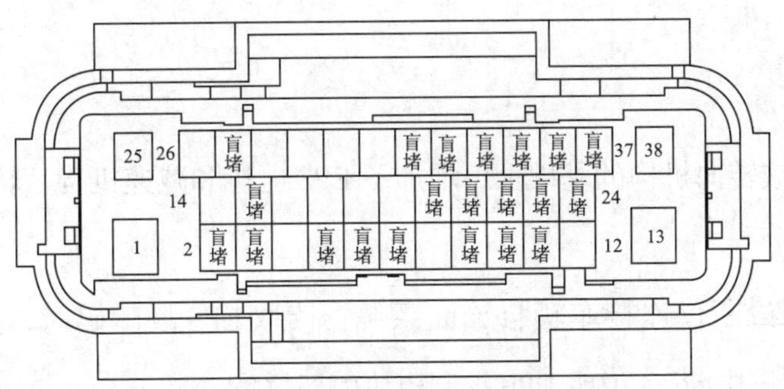

图 3-1-2 ABS 控制模块插接器 B03 的外形

表 3-1-1 ABS 控制模块插接器 B03 的部分端子功能定义

端子号	功能定义	端子号	功能定义
B03/1		B03/26	
B03/13		B03/28	
B03/14		B03/38	
B03/25			

任务 2 EPS 控制模块检修

一、填空题

1. 电动助力转向系统（EPS）主要由__________、__________、__________和减速机构等组成。

2. 转向传感器的主要作用是________________，并将此信号转换成电信号发送给EPS控制模块。

3. ____________________是电动助力转向系统的控制核心。

4. EPS电机属于________________，是电动助力转向系统的执行机构。

5. 转向时，由于转向轮______________和______________的存在，转向轮具有自动回正的功能。

二、判断题

1. EPS在机械转向机构的基础上，增加了EPS电机和减速机构，转向回正控制通过EPS电机实现。（　　）

2. 使用故障诊断仪连接车辆自诊断系统、读取EPS故障码时，故障诊断仪显示“ECU无响应，通讯中断”，说明EPS控制模块内部故障。（　　）

3. 车辆高速行驶时，EPS通过控制阻尼补偿电流进行阻尼控制，增强驾驶员路感，改善车辆高速行驶时的转向稳定性。（　　）

4. EPS的减速机构属于蜗轮蜗杆减速机构，与EPS电机直接相连，主要作用是增大电机输出转矩。（　　）

5. 电动助力转向系统的主要组成部件安装在车辆前舱。（　　）

三、单项选择题

1. 比亚迪e5的电动助力转向系统属于（　　）。

A. 转向齿轮式（P-EPS）

B. 转向轴式（C-EPS）

C. 转向齿条式（R-EPS）

D. 小齿轮助力式（P-EPS）

2. EPS控制模块电源电路熔丝包括（　　）。

A. IG1电电路熔丝F2/35

B. 常电电路熔丝F5/2

C. 常电电路熔丝F5/2和IG1电电路熔丝F2/35

D. 没有专用熔丝，与ABS控制模块共用

3. EPS 控制模块与网关控制模块、ABS 控制模块通过（　　）支总线进行连接。

A. 动力网　　B. ESC 网

C. 舒适网　　D. 起动子网

4. EPS 控制模块电源电路检测项目包括（　　）。

A. EPS 控制模块电源电路熔丝对地电压测量和 EPS 控制模块插接器电源端子对地电压测量

B. EPS 控制模块电源电路熔丝对地电压测量和 EPS 控制模块插接器 CAN 总线端子对地电压测量

C. EPS 控制模块插接器电源端子对地电压测量和 EPS 控制模块插接器 CAN 总线端子对地电压测量

D. EPS 控制模块电源电路熔丝对地电压测量、EPS 控制模块插接器电源端子对地电压测量和 EPS 控制模块插接器搭铁端子对地电阻测量

5. EPS 控制模块 CAN 总线电路检测项目包括（　　）。

A. EPS 控制模块 CAN 总线电压波形检测、EPS 控制模块 CAN 总线电压测量和 EPS 控制模块外部终端电阻测量

B. EPS 控制模块 CAN 总线电压波形检测、EPS 控制模块 CAN 总线电压测量和 EPS 控制模块内部终端电阻测量

C. EPS 控制模块 CAN 总线电压波形检测和 EPS 控制模块 CAN 总线电压测量

D. EPS 控制模块 CAN 总线电压测量和 EPS 控制模块内部终端电阻测量

四、简答题

1. 简述电动助力转向系统（EPS）的主要功能。

2. 简述检测 EPS 控制模块 CAN 总线电压波形的主要操作步骤。

3. 根据图 3-2-1 所示的 EPS 控制模块电路（局部），分析 EPS 控制模块 CAN 总线电路。

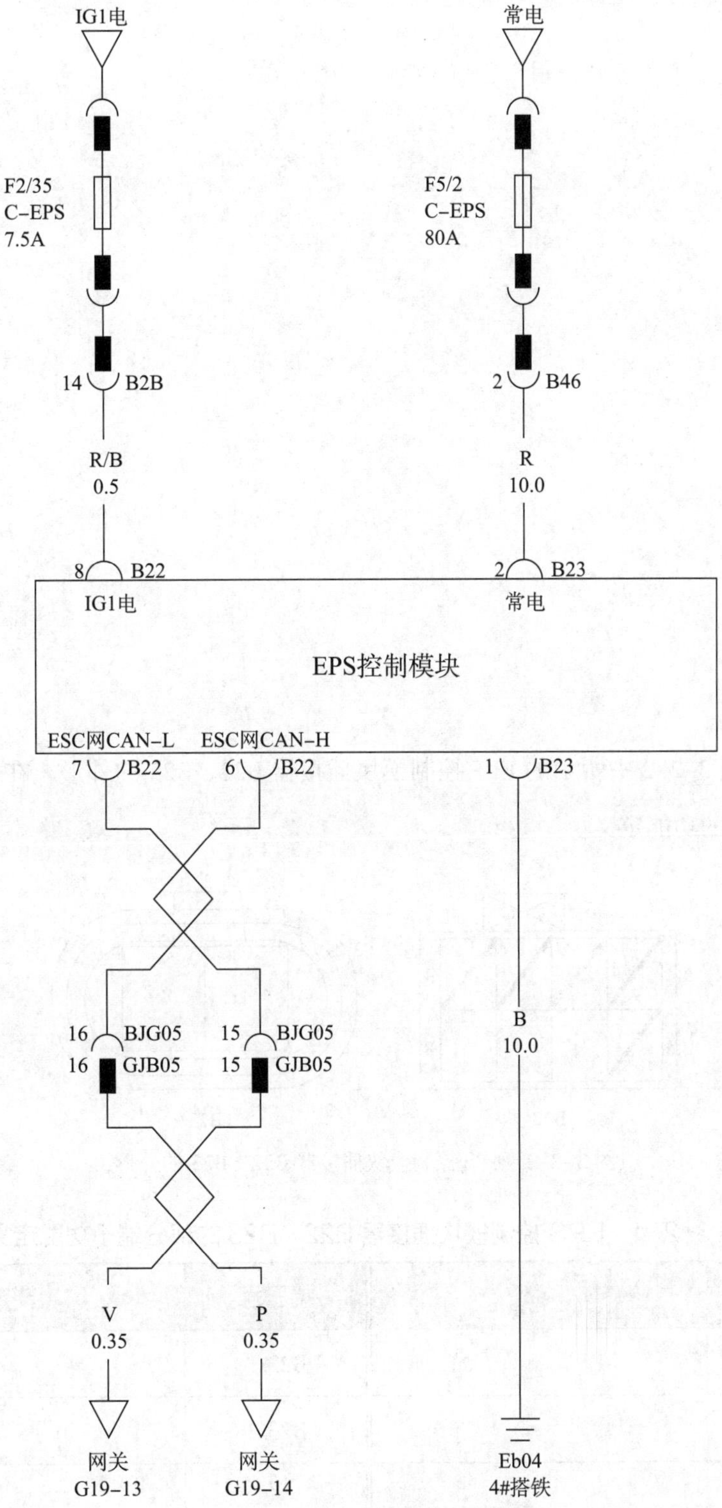

IG1电
F2/35
C-EPS
7.5A
14 B2B
R/B
0.5
8 B22
IG1电
常电
F5/2
C-EPS
80A
2 B46
R
10.0
2 B23
常电
EPS控制模块
ESC网CAN-L
ESC网CAN-H
7 B22
6 B22
1 B23
16 BJG05
16 GJB05
15 BJG05
15 GJB05
B
10.0
V
0.35
P
0.35
网关
G19-13
网关
G19-14
Eb04
4#搭铁

图 3-2-1　EPS 控制模块电路（局部）

4. 根据图 3–2–2 中所示的 EPS 控制模块插接器 B22、B23 的外形，在表 3–2–1 中写出其部分端子的功能定义。

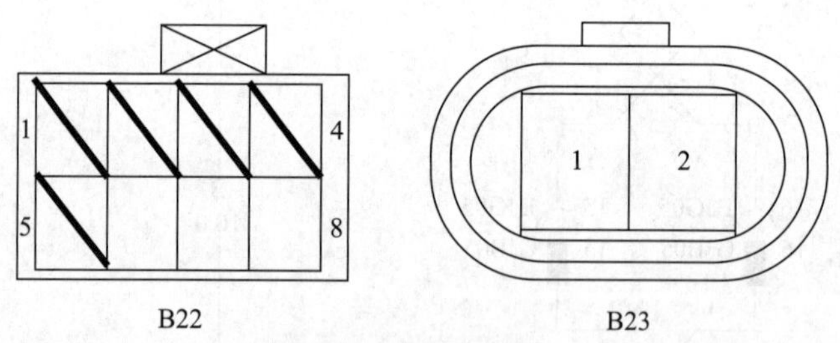

图 3–2–2　EPS 控制模块插接器 B22、B23 的外形

表 3–2–1　EPS 控制模块插接器 B22、B23 的部分端子功能定义

端子号	功能定义	端子号	功能定义
B22/6		B23/1	
B22/7		B23/2	
B22/8			

任务 3 EPB 控制模块检修

一、填空题

1. 电子驻车系统（EPB）主要用于停车后防止车辆移动，便于在坡道上起步，并且可以在________________失效后临时使用或配合行车制动器进行紧急制动。

2. 在车辆行驶过程中，如果遇到紧急情况，如行车制动器失效，可以按下________________实现紧急制动，帮助车辆安全停下。

3. 在某些车型上，EPB 与____________功能结合，当车辆在坡道上停止时，EPB 自动施加驻车制动，以防止车辆滑动。

4. 自动调整制动间隙功能是指当制动蹄磨损而导致制动间隙过大时，EPB 会________________，以确保制动效果。

5. EPB 开关的主要作用是向 EPB 控制模块提供__________________，控制 EPB 启动与解除。

二、判断题

1. 当车辆停止时，按下 EPB 开关，EPB 会对车辆施加制动力，以防止车辆滑动。（ ）

2. EPB 控制模块电源电路的熔丝全部位于仪表板配电盒内。（ ）

3. 将变速杆置于 D 挡，并且轻踩加速踏板时，EPB 自动释放驻车制动。（ ）

4. 当电子驻车启动后，电子驻车无法释放，说明电子驻车电机出现故障。（ ）

5. EPB 控制模块电源电路熔丝对地电压的标准值为 9 ~ 14 V。（ ）

三、单项选择题

1. EPB 控制模块通常安装在车辆（　　）。

A. 副驾驶座位的下方　　B. 行李舱

C. 主驾驶座位的下方　　D. 前舱辅助蓄电池旁边

2. EPB 控制模块的作用不包括（　　）。

A. 接收 EPB 开关信号并发送控制指令　　B. 控制车辆的行驶速度

C. 接收轮速传感器等的信号　　D. 对信号进行分析处理

3. EPB 控制模块由（　　）供电。

A. 常电和 IG1 电　　B. 常电和 IG2 电

C. IG1 电和 IG2 电　　D. 常电、IG1 电和 IG2 电

4. 电子驻车电机通常安装在车辆（　　）。

A. 前轮制动钳附近　　B. 后轮制动钳附近

C. 前轮和后轮制动钳附近　　D. 变速器壳体上

5. 电子驻车电机的主要作用不包括（　　）。

A. 在 EPB 工作时，接收 EPB 控制模块的控制指令

B. 向 EPB 控制模块提供驻车开关信号，控制 EPB 启动与解除

C. 带动制动钳活塞移动

D. 产生制动力

四、简答题

1. 简述电子驻车系统（EPB）的主要功能。

2. 简述测量 EPB 控制模块外部终端电阻的主要操作步骤。

3. 根据图 3-3-1 所示的 EPB 控制模块电路（局部），分析 EPB 控制模块的电源电路和 CAN 总线电路。

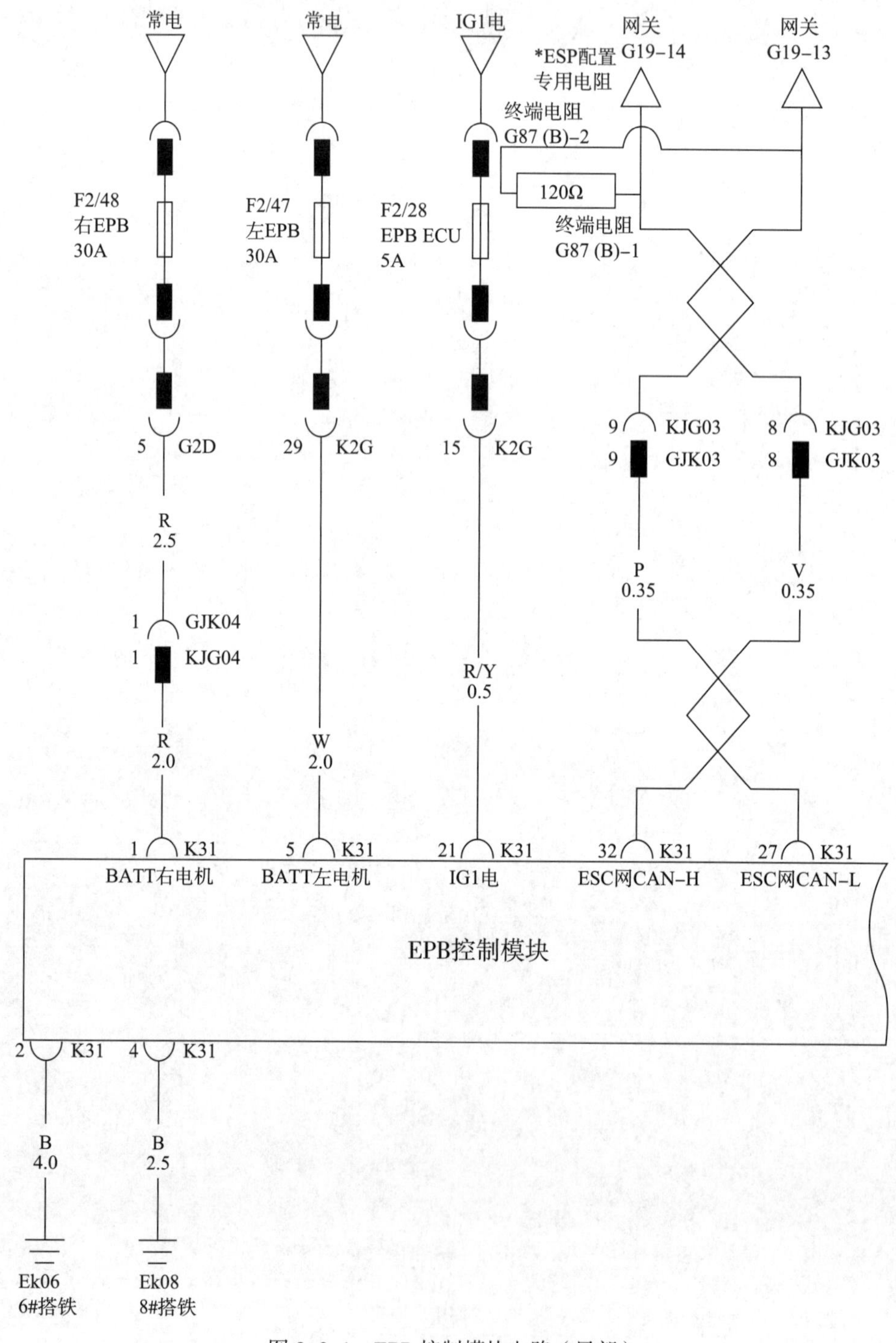

图 3-3-1　EPB 控制模块电路（局部）

4. 根据图 3–3–2 中所示的 EPB 控制模块插接器 K31 的外形，在表 3–3–1 中写出其部分端子的功能定义。

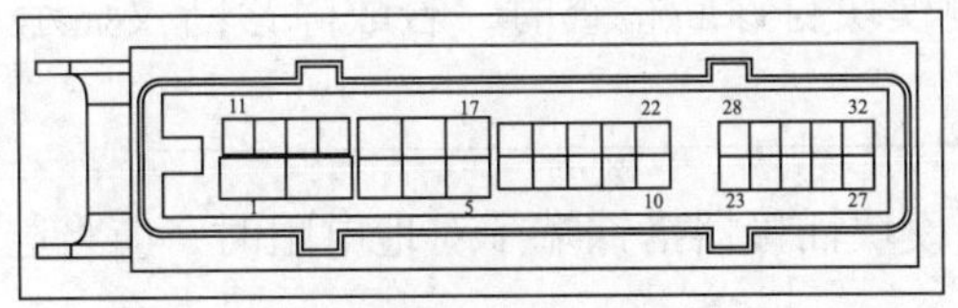

图 3–3–2　EPB 控制模块插接器 K31 的外形

表 3–3–1　EPB 控制模块插接器 K31 的部分端子功能定义

端子号	功能定义	端子号	功能定义
K31/1		K31/21	
K31/2		K31/27	
K31/4		K31/32	
K31/5			

模块四
新能源汽车舒适网络系统检修

任务 1　车身控制模块检修

一、填空题

1. ________________是车身控制系统的核心部件，是对车身控制系统各用电设备进行控制的电子控制单元。

2. 车身控制模块由__________、__________供电。

3. 在进行车身控制模块自诊断检查时，若故障诊断仪显示“ECU 无响应，通讯中断”，则说明____________________________________。

4. 在测量车身控制模块插接器搭铁端子对地电阻时，应将起动按钮置于________挡位，并_______蓄电池负极电缆。

5. 车身控制系统通过__________设计，可以简化车辆电气系统，提高系统的整体效率。

二、判断题

1. 车身控制系统只能控制灯光和指示灯电路。　（　　）

2. 车身控制模块可以根据各用电设备的需求，合理分配电源，协调不同设备。　（　　）

3. 若故障诊断仪能正常读取车身控制模块的故障码，则说明车身控制模块通信正常。（　　）

4. 车身控制模块舒适网外部终端电阻的标准值约为 120 Ω。（　　）

5. 在测量车身控制模块插接器电源端子对地电压时，应将起动按钮置于 OFF 挡位。（　　）

三、单项选择题

1. 在检测车身控制模块 CAN 总线电压时，应使用（　　）。

A. 数字式万用表　　B. 示波器

C. 螺钉旋具　　D. 汽车内饰撬板

2. 在测量车身控制模块插接器搭铁端子对地电阻时，所测得的电阻应（　　）。

A. 大于 1 Ω　　B. 小于 1 Ω

C. 等于 1 Ω　　D. 等于 0 Ω

3. 车身控制模块电源电路熔丝对地电压的标准值应为（　　）V。

A. 0 ~ 5　　B. 5 ~ 10

C. 11 ~ 14　　D. 15 ~ 20

4. 更换车身控制模块后，应先进行（　　）操作。

A. 清除故障码　　B. 上电测试

C. 检测电源电路　　D. 检测 CAN 总线电路

5. 在检测车身控制模块 CAN 总线电压时，舒适网 CAN–L 对地电压的标准值应为（　　）V。

A. 0 ~ 1　　B. 1 ~ 2

C. 1.5 ~ 2.5　　D. 2.5 ~ 3.5

四、简答题

1. 简述车身控制系统的主要功能。

2. 如何检测车身控制模块供电电路是否正常？

3. 根据图 4–1–1 所示的车身控制模块电路（局部），分析车身控制模块电源电路。

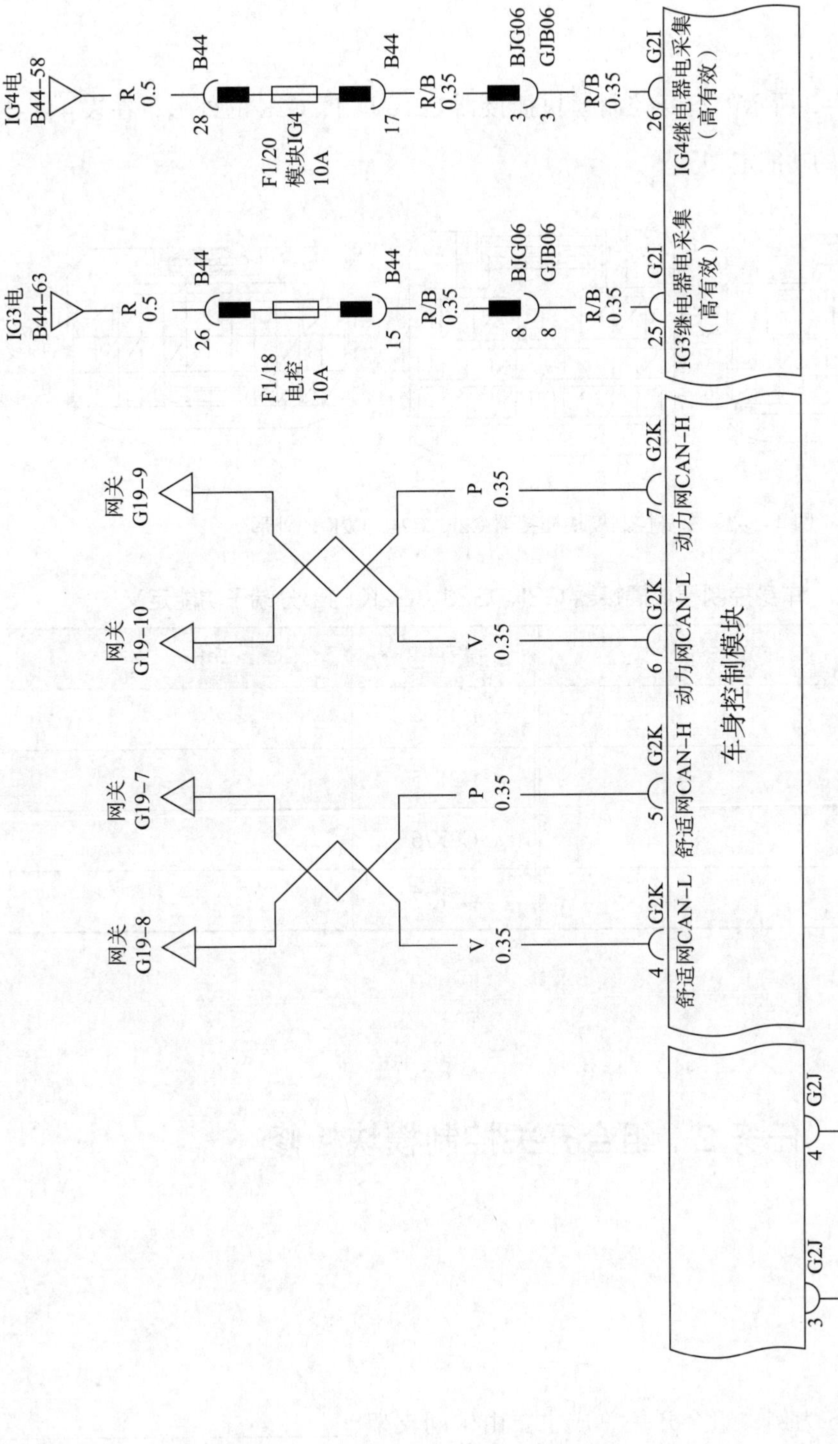
IG4电
B44-58
R
0.5
B44
28
F1/20
模块IG4
10A
17
B44
R/B
0.35
BJG06
GJB06
3
3
R/B
0.35
G2I
26
IG4继电器电采集
（高有效）
IG3电
B44-63
R
0.5
B44
26
F1/18
电控
10A
15
B44
R/B
0.35
BJG06
GJB06
8
8
R/B
0.35
G2I
25
IG3继电器电采集
（高有效）
网关
G19-9
网关
G19-10
网关
G19-7
网关
G19-8
P
0.35
V
0.35
P
0.35
V
0.35
G2K
7
动力网CAN-H
G2K
6
动力网CAN-L
G2K
5
舒适网CAN-H
G2K
4
舒适网CAN-L
车身控制模块
G2J
4
B
0.5
Eg02
2#搭铁
G2J
3
B
0.5
Eg02
2#搭铁

图 4-1-1 车身控制模块电路（局部）

4. 根据图 4-1-2 所示的车身控制模块插接器 G2I、G2J、G2K 的外形，在表 4-1-1 中写出其部分端子的功能定义。

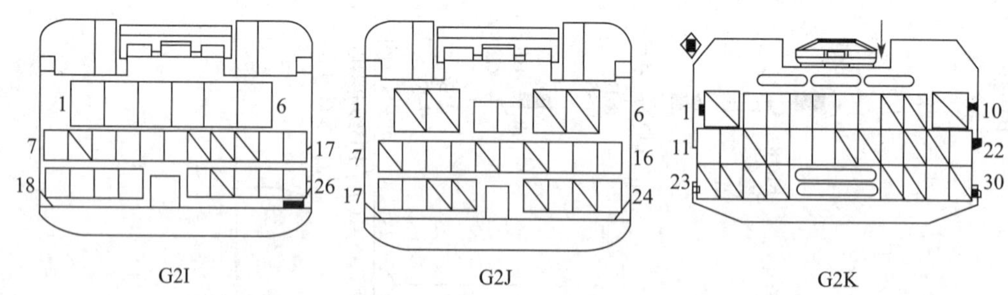

图 4-1-2 车身控制模块插接器 G2I、G2J、G2K 的外形

表 4-1-1 车身控制模块插接器 G2I、G2J、G2K 的部分端子功能定义

端子号	功能定义	端子号	功能定义
G2I/25		G2K/4	
G2I/26		G2K/5	
G2J/3		G2K/6	
G2J/4		G2K/7	

任务 2 组合开关控制模块检修

一、填空题

1. 以比亚迪 e5 为例，组合开关总成主要由中间支架、____________、____________ ____________等部分组成。

2. 组合开关控制模块由________、___________供电。

3. 比亚迪 e5 的组合开关控制模块位于_________下方。

4. 组合开关控制模块插接器 G02/3 端子的功能定义为________。

5. 组合开关控制模块与网关控制模块、车身控制模块通过________________进行连接。

二、判断题

1. 如果测得的组合开关控制模块 CAN 总线电压波形异常，则说明组合开关控制模块损坏。（ ）

2. 在拆卸组合开关总成前，不需要断开组合开关控制模块插接器。（ ）

3. 在测量组合开关控制模块插接器搭铁端子对地电阻时，应断开所有与搭铁相关的电路。（ ）

4. 组合开关控制模块电源电路熔丝损坏会导致组合开关总成无法工作。（ ）

5. 组合开关控制模块故障可能导致组合仪表显示屏无法显示灯光状态。（ ）

三、单项选择题

1. 在组合开关控制模块 CAN 总线电压中，CAN–L 对地电压的标准为（ ）V。

A. 1.5 ~ 2.5　　B. 2.5 ~ 3.5

C. 3.5 ~ 4.5　　D. 0.5 ~ 1.5

2. 以比亚迪 e5 为例，组合开关控制模块通过（ ）熔丝供电。

A. F1/10　　B. F2/42 和 F2/33

C. F3/22　　D. F4/44

3. 组合开关控制模块外部终端电阻的标准值约为（ ）。

A. 60 Ω　　B. 120 Ω

C. 240 Ω　　D. 无限大

4. 组合开关控制模块插接器（ ）端子用于 IG1 电电路。

A. G02/1　　B. G02/2

C. G02/5　　D. G02/6

5. 在拆卸转向盘之前，必须先（　　）。

A. 断开蓄电池正极电缆　　B. 拆卸驾驶员安全气囊组件

C. 拆卸转向盘紧固螺栓　　D. 拆卸安全气囊游丝

四、简答题

1. 简述组合开关总成的主要功能。

2. 简述更换组合开关总成的主要操作步骤。

3. 根据图 4–2–1 所示的组合开关控制模块电路（局部），分析组合开关控制模块 CAN 总线电路。

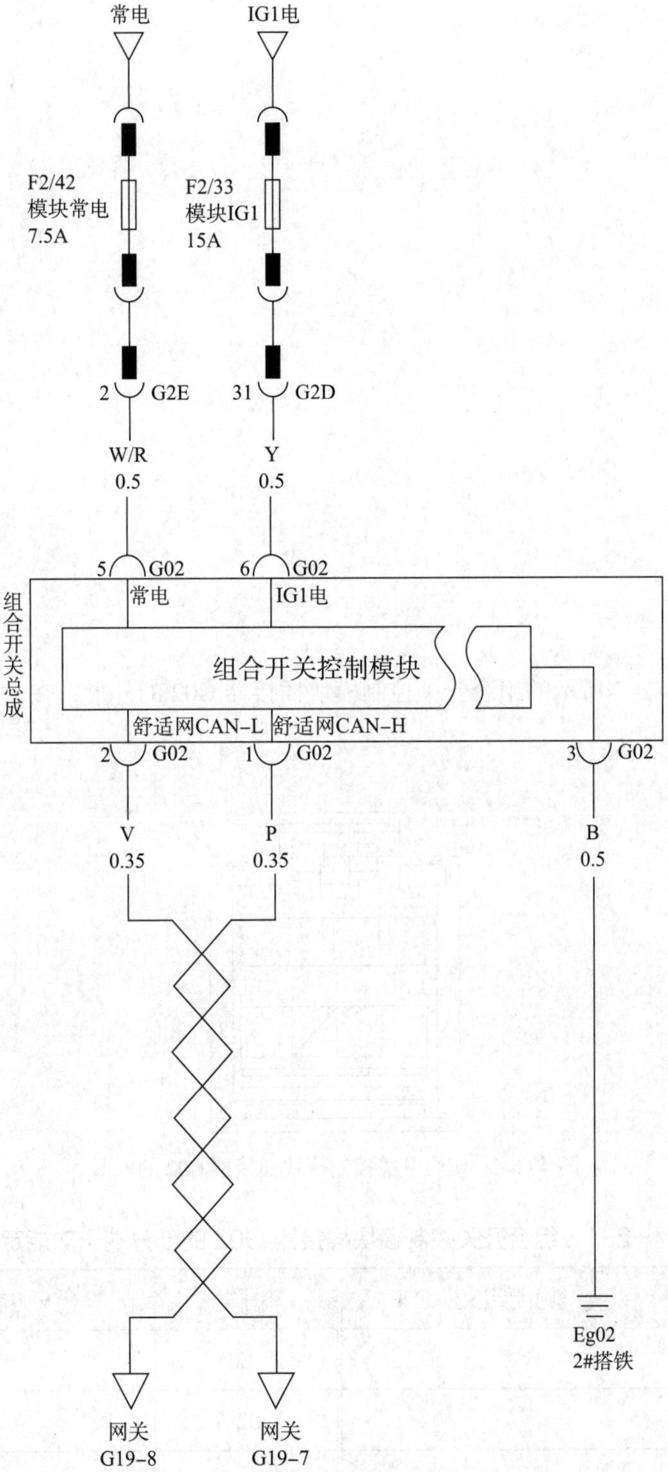

图 4–2–1 组合开关控制模块电路（局部）

4. 根据图 4–2–2 所示的组合开关控制模块插接器 G02 的外形，在表 4–2–1 中写出其部分端子的功能定义。

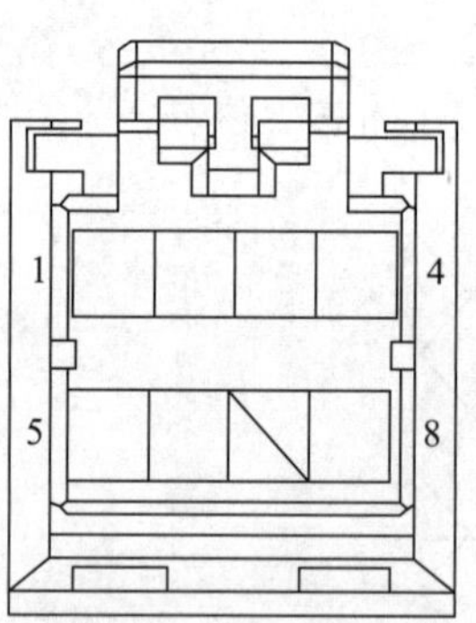

图 4–2–2　组合开关控制模块插接器 G02 的外形

表 4–2–1　组合开关控制模块插接器 G02 的部分端子功能定义

端子号	功能定义	端子号	功能定义
G02/1		G02/5	
G02/2		G02/6	
G02/3			

任务 3 安全气囊控制模块检修

一、填空题

1. 安全气囊控制模块与网关控制模块、车身控制模块通过________________进行连接。

2. 安全气囊系统（SRS）主要由________________、________________________、________________和安全带预紧器等组成。

3. 安全气囊控制模块由____________供电。

4. 在更换安全气囊控制模块前，应断开蓄电池负极电缆并等待至少________min。

5. 在更换安全气囊控制模块后，应使用故障诊断仪进行________________操作。

二、判断题

1. 比亚迪 e5 的安全气囊控制模块位于汽车中轴线上，安装在副仪表板的变速杆前方。（ ）

2. 安全气囊系统的主要作用是在碰撞发生时保护驾乘人员的头部。（ ）

3. 在测量安全气囊控制模块插接器电源端子对地电压时，应将起动按钮置于 OFF 挡位。（ ）

4. 在检修安全气囊系统时，不需要佩戴任何防护用品。（ ）

5. 安全气囊控制模块故障通常可以通过读取故障码进行初步诊断。（ ）

三、单项选择题

1. 安全气囊控制模块插接器 G10/8 的功能定义为（ ）。

A. 电源　　B. 搭铁

C. CAN-L　　D. CAN-H

2. 汽车在行驶过程中与其他物体发生的碰撞称为（　　）。

A. 一次碰撞　　B. 二次碰撞

C. 三次碰撞　　D. 多次碰撞

3. 驾驶员安全气囊（DAB）安装在（　　）。

A. 副仪表板上　　B. 转向盘内

C. 仪表板右侧饰板内　　D. 扶手箱内

4. 安全气囊控制模块电源电路熔丝对地电压的标准值为（　　）V。

A. 11 ~ 14　　B. 5 ~ 8

C. 8 ~ 10　　D. 14 ~ 16

5. 安全气囊控制模块外部终端电阻的标准值约为（　　）Ω。

A. 1　　B. 120

C. 240　　D. 60

四、简答题

1. 简述安全气囊系统（SRS）的主要功能。

2. 简述测量安全气囊控制模块外部终端电阻的主要操作步骤。

3. 根据图 4-3-1 所示的安全气囊控制模块电路（局部），分析安全气囊控制模块电源电路。

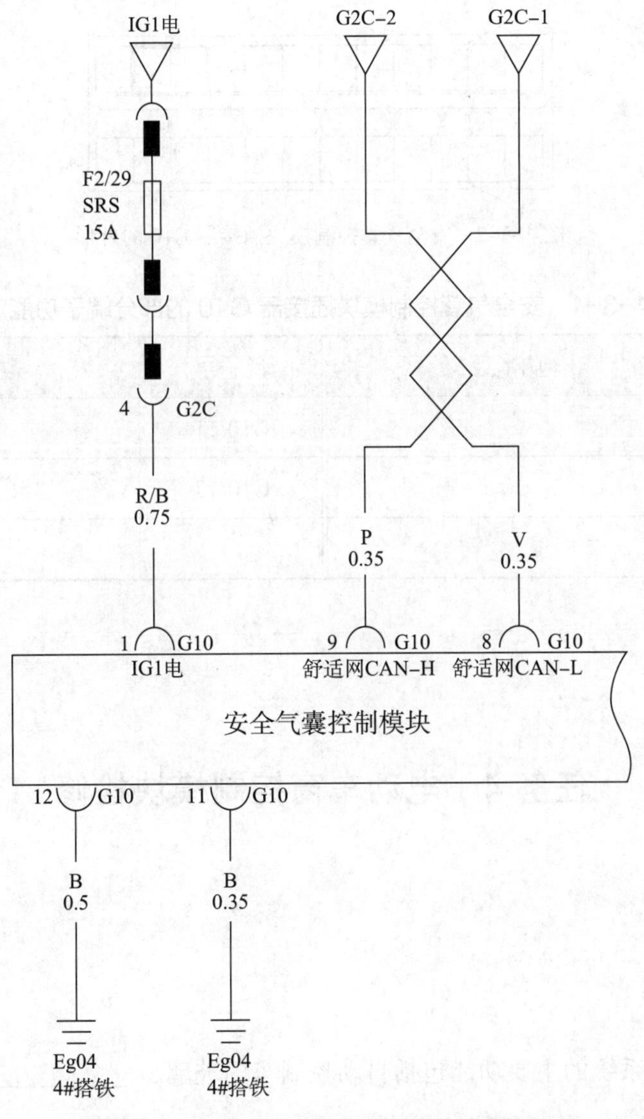

图 4-3-1　安全气囊控制模块电路（局部）

4. 根据图 4-3-2 所示的安全气囊控制模块插接器 G10 的外形，在表 4-3-1 中写出其部分端子的功能定义。

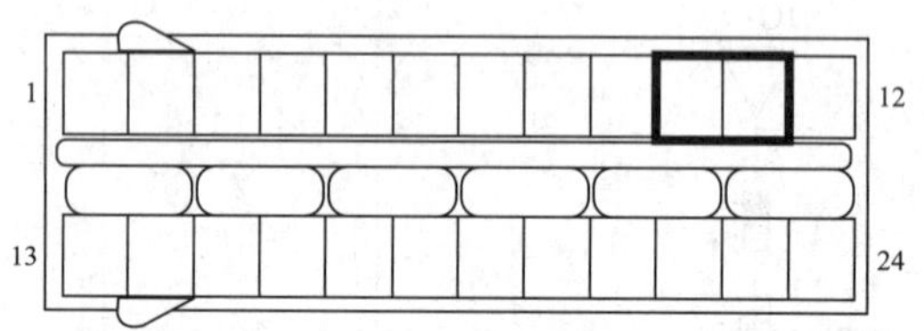

图 4-3-2　安全气囊控制模块插接器 G10 的外形

表 4-3-1　安全气囊控制模块插接器 G10 的部分端子功能定义

端子号	功能定义	端子号	功能定义
G10/1		G10/11	
G10/8		G10/12	
G10/9			

任务 4　电动车窗控制模块检修

一、填空题

1. 电动车窗系统的主要功能包括自动控制车门玻璃、__________、__________、__________和电机过热保护等。

2. 电动车窗控制模块是电动车窗系统的核心部件，通常集成在__________________________内。

3. 电动车窗控制模块由____________、____________、____________供电。

4. 电动车窗控制模块与网关控制模块、车身控制模块通过__________________进行连接。

5. 电动车窗控制模块插接器 T05/9 端子的功能定义为________。

二、判断题

1. 电动车窗控制模块内部设置有舒适网终端电阻。（　　）

2. 电动车窗系统的失效保护包括位置信息失效保护和电机驱动控制失效保护。（　　）

3. 当电动车窗控制模块出现故障时，可以使用新的电动车窗控制模块进行替换修复。（　　）

4. 电动车窗系统的延时功能是指在车辆熄火后的一段时间内，电动车窗控制开关仍然可以工作。（　　）

5. 当电动车窗控制模块出现故障时，组合仪表上的多个故障指示灯可能同时点亮。（　　）

三、单项选择题

1. 电动车窗系统的防夹功能通过（　　）来实现。

A. 霍尔传感器　　B. 防夹装置

C. 限位开关　　D. 电机过热保护

2. 电动车窗控制模块外部终端电阻的标准值约为（　　）Ω。

A. 30　　B. 60

C. 90　　D. 120

3. 当电动车窗控制模块 CAN 总线电路出现故障时，故障诊断仪可能显示的信息是（　　）。

A. ECU 无响应，通讯中断　　B. 玻璃升降器电机故障

C. 蓄电池电压过低　　D. 车门未关闭

4. 电动车窗系统通过改变（　　）的电流方向来实现车门玻璃的升降。

A. 防夹装置　　B. 控制开关

C. 玻璃升降器电机　　D. 传感器

5. 电动车窗系统通过（　　）改变玻璃升降器电机的电流方向。

A. 玻璃升降器　　B. 控制开关和控制模块

C. 防夹装置　　D. 电机过热保护装置

四、简答题

1. 简述电动车窗系统的防夹功能。

2. 简述电动车窗系统的失效保护功能。

3. 根据图 4–4–1 所示的电动车窗控制模块电路（局部），分析电动车窗控制模块 CAN 总线电路。

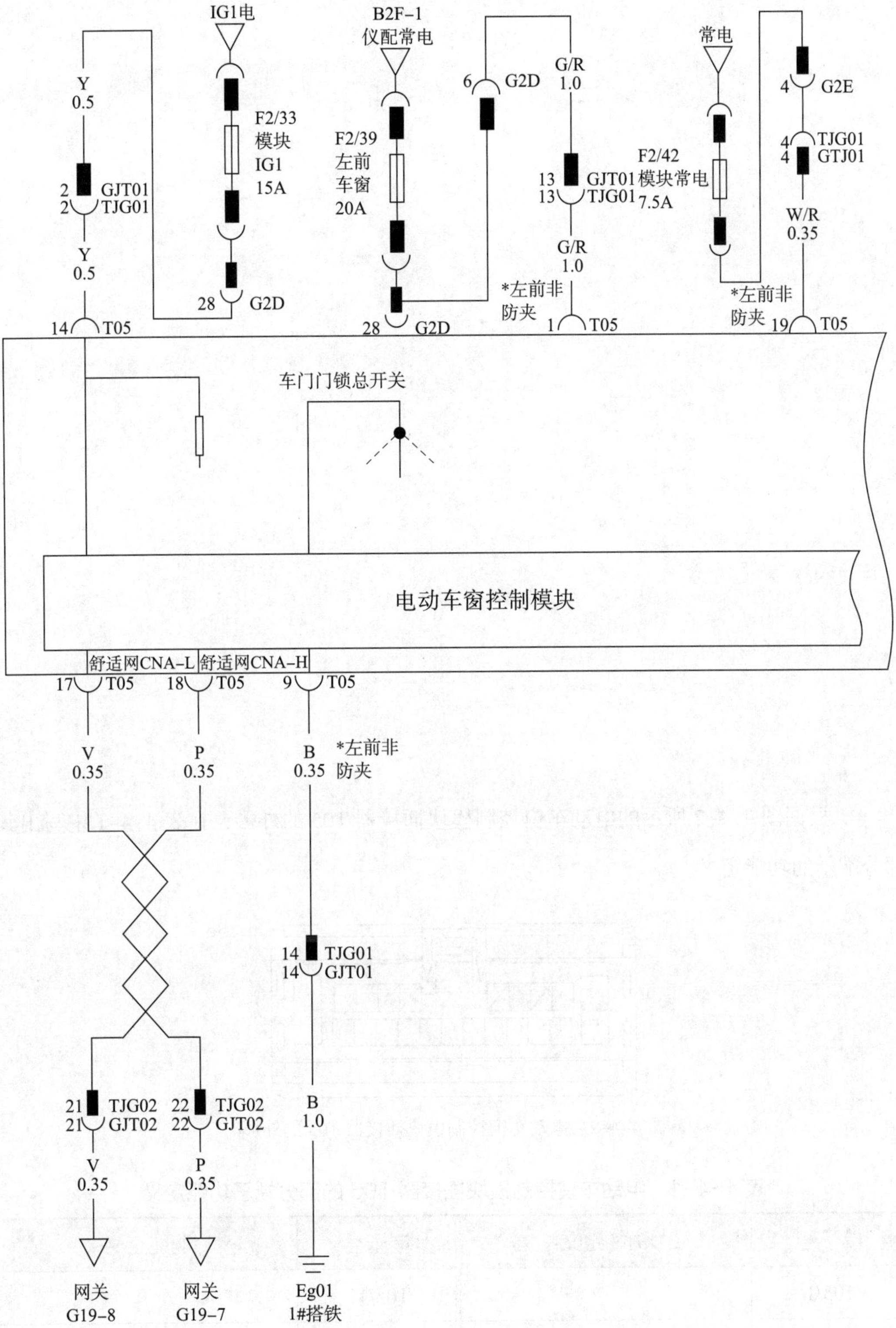

图 4-4-1 电动车窗控制模块电路（局部）

4. 根据图 4-4-2 所示的电动车窗控制模块插接器 T05 的外形，在表 4-4-1 中写出其部分端子的功能定义。

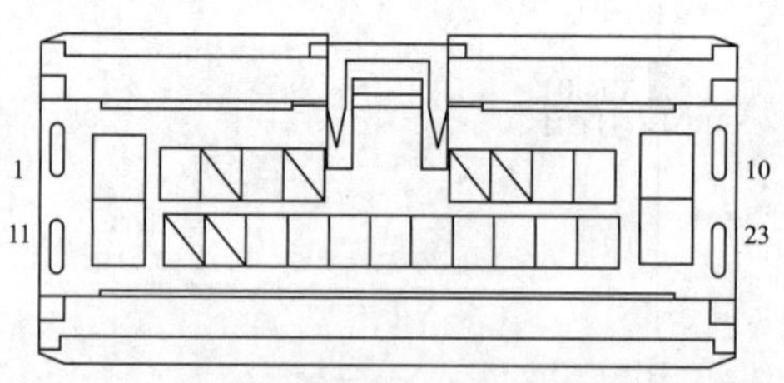

图 4-4-2　电动车窗控制模块插接器 T05 的外形

表 4-4-1　电动车窗控制模块插接器 T05 的部分端子功能定义

端子号	功能定义	端子号	功能定义
T05/1		T05/17	
T05/9		T05/18	
T05/14		T05/19	

任务5 多媒体控制模块检修

一、填空题

1. 汽车多媒体系统最初是由____________发展而来的。

2. 多媒体系统主要由________________、__________________、______________、______和天线放大器等组成。

3. 多媒体控制模块由________、____________供电。

4. 在测量多媒体控制模块插接器搭铁端子对地电阻时，应将起动按钮置于________挡位，并断开蓄电池负极电缆。

5. 多媒体控制模块外部终端电阻的标准值约为________Ω。

二、判断题

1. 多媒体系统只具备娱乐功能。（　　）

2. 若故障诊断仪无法读取多媒体系统的故障码，则说明多媒体控制模块通信正常。（　　）

3. 多媒体控制模块内部设置有终端电阻。（　　）

4. 比亚迪 e5 多媒体系统的天线放大器位于车辆右侧 C 柱上。（　　）

5. 多媒体系统可以通过多功能显示屏对车辆的空调、座椅加热等功能进行控制。（　　）

三、单项选择题

1. 多媒体控制模块集成在（　　）内部。

A. 组合仪表　　　　B. 多媒体主机

C. 空调控制面板　　D. 动力控制模块

2. 在测量多媒体控制模块插接器搭铁端子对地电阻时，正常情况下，所测得的电阻应（　　）。

A. 大于 1 Ω　　B. 小于 1 Ω

C. 等于 1 Ω　　D. 等于 0 Ω

3. 多媒体控制模块电源电路熔丝 F2/36 对地电压的标准值应为（　　）V。

A. 0 ~ 5　　B. 5 ~ 10

C. 11 ~ 14　　D. 15 ~ 20

4. 下列选项中，（　　）说明多媒体控制模块 CAN 总线可能出现故障。

A. CAN–H 对地电压为 2.8 V　　B. CAN–L 对地电压为 2.2 V

C. 外部终端电阻为 68 Ω　　D. 插接器搭铁端子对地电阻为 5 kΩ

5. 多媒体控制模块插接器 G07(A)/3 端子的功能定义为（　　）。

A. ACC 电　　B. 常电

C. 搭铁　　D. CAN–L

四、简答题

1. 简述多媒体系统的主要功能。

2. 简述比亚迪 e5 在更换多媒体主机前，拆卸多媒体主机外围部件的主要操作步骤。

3. 根据图 4-5-1 所示的多媒体控制模块电路（局部），分析多媒体控制模块电源电路。

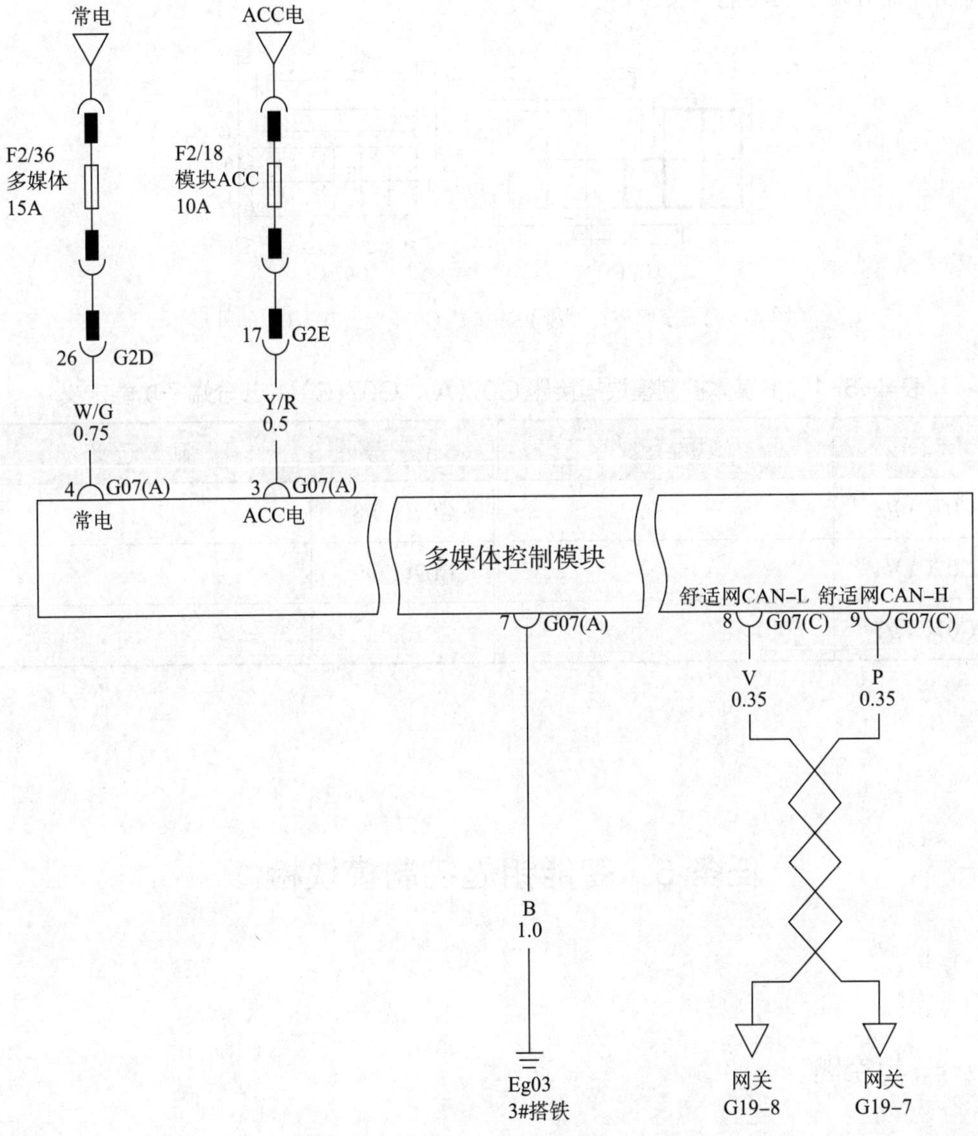

常电
F2/36
多媒体
15A
26 G2D
W/G
0.75
4 G07(A)
常电

ACC电
F2/18
模块ACC
10A
17 G2E
Y/R
0.5
3 G07(A)
ACC电

多媒体控制模块
7 G07(A)
B
1.0
Eg03
3#搭铁

舒适网CAN-L 舒适网CAN-H
8 G07(C) 9 G07(C)
V
0.35
P
0.35
网关
G19-8
网关
G19-7

图 4-5-1 多媒体控制模块电路（局部）

4. 根据图 4-5-2 所示的多媒体控制模块插接器 G07(A)、G07(C)的外形，在表 4-5-1 中写出其部分端子的功能定义。

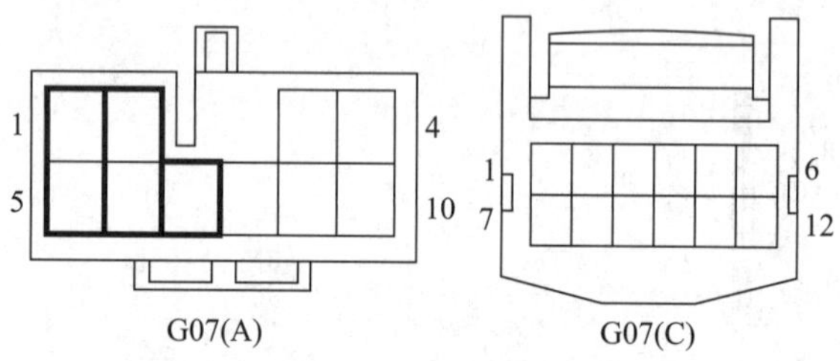

图 4-5-2　多媒体控制模块插接器 G07(A)、G07(C) 的外形

表 4-5-1　多媒体控制模块插接器 G07(A)、G07(C) 的部分端子功能定义

端子号	功能定义	端子号	功能定义
G07(A)/3		G07(C)/8	
G07(A)/4		G07(C)/9	
G07(A)/7			

任务 6　智能钥匙控制模块检修

一、填空题

1. 无钥匙进入应用的是______________原理。

2. 智能钥匙控制模块由________供电。

3. 智能钥匙控制模块外部终端电阻的标准值约为__________Ω。

4. 智能进入和起动系统主要由____________、____________、__________________、____________、____________和_________________________等组成。

5. 比亚迪 e5 智能钥匙控制模块插接器 G25(A)/1 端子的功能定义是________。

二、判断题

1. 智能进入和起动系统支持驾驶员无须对智能钥匙作任何操作即可执行车门解锁等动作。 (　　)

2. 进入检测范围的智能钥匙接收到高频触发信号后触发整个钥匙电路被唤醒。 (　　)

3. 智能进入和起动系统支持的无钥匙进入功能比遥控钥匙进入功能更安全。(　　)

4. 智能钥匙控制模块插接器 G25(B)/12 端子的功能定义为搭铁。 (　　)

5. 比亚迪 e5 智能钥匙控制模块安装在仪表板手套箱内侧。 (　　)

三、单项选择题

1. 智能进入和起动系统的高频接收模块安装在(　　)。

A. 仪表板手套箱内侧　　B. 后排座椅左后侧即 C 柱内侧位置

C. 转向柱中部　　D. 组合仪表右下方

2. 智能钥匙控制模块与车身控制模块通过(　　)进行连接。

A. 起动子网　　B. 动力网

C. 舒适网　　D. 空调子网

3. 更换智能钥匙控制模块后，确认智能进入和起动系统功能正常的操作不包括(　　)。

A. 持智能钥匙接近左前车门，按下微动开关解锁车门

B. 持智能钥匙进入车内，踩下制动踏板，起动按钮指示灯亮绿色，车辆正常上电

C. 使用机械钥匙开启车门

D. 按下智能钥匙遥控开锁按钮解锁车门

4. 智能进入和起动系统的无钥匙进入功能通过（　　）来验证钥匙身份信息。

A. 蓝牙信号　　B. 射频（RF）信号

C. 红外线信号　　D. 超声波信号

5. 测量智能钥匙控制模块外部终端电阻时，若测得的数值远大于 120 Ω，可能的故障原因是（　　）。

A. 终端电阻短路　　B. 终端电阻断路

C. CAN 总线电压过高　　D. CAN 总线电压过低

四、简答题

1. 简述智能进入和起动系统的主要功能。

2. 简述智能进入和起动系统智能进入功能的工作过程。

3. 根据图 4-6-1 所示的智能钥匙控制模块电路（局部），分析智能钥匙控制模块电源电路和 CAN 总线电路。

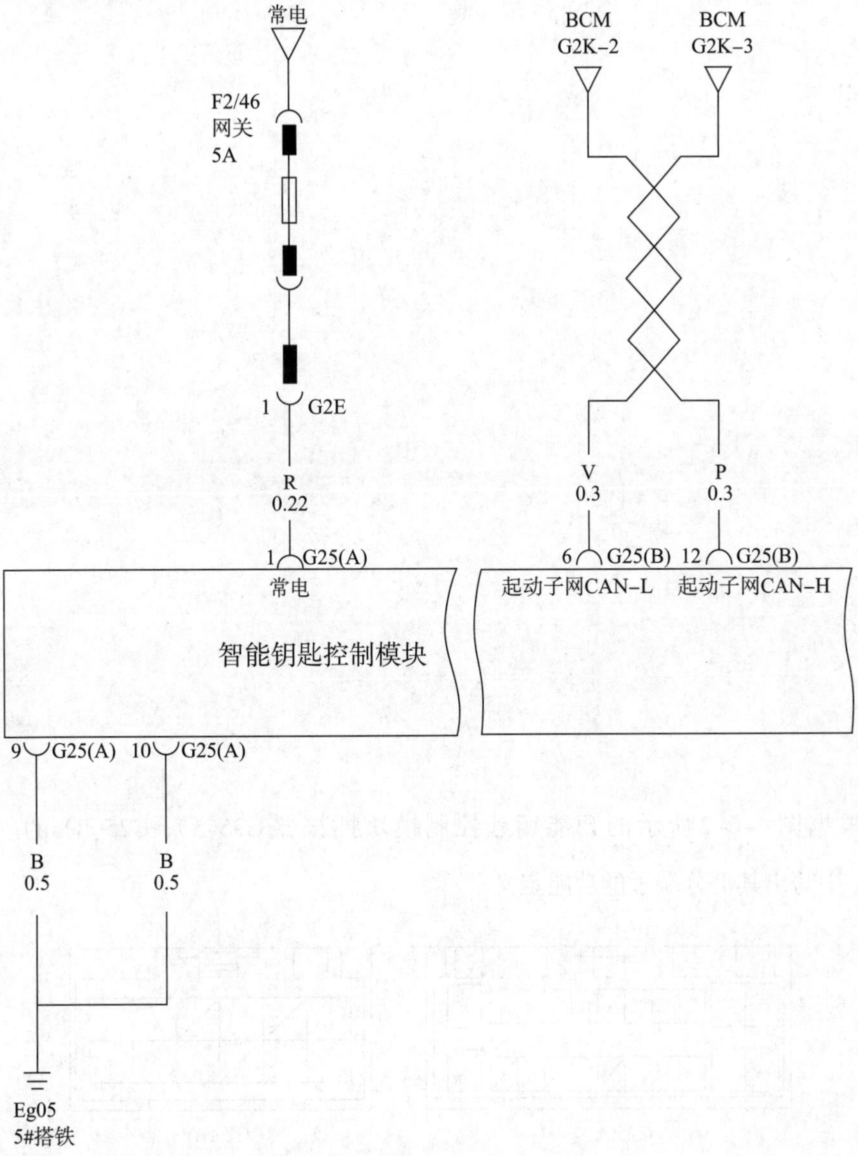

常电
F2/46
网关
5A
1 G2E
R
0.22
1 G25(A)
常电
智能钥匙控制模块
9 G25(A) 10 G25(A)
B
0.5
B
0.5
Eg05
5#搭铁
BCM
G2K-2
BCM
G2K-3
V
0.3
P
0.3
6 G25(B) 12 G25(B)
起动子网CAN-L 起动子网CAN-H

图 4-6-1 智能钥匙控制模块电路（局部）

4. 根据图 4-6-2 所示的智能钥匙控制模块插接器 G25(A)、G25(B) 的外形，在表 4-6-1 中写出其部分端子的功能定义。

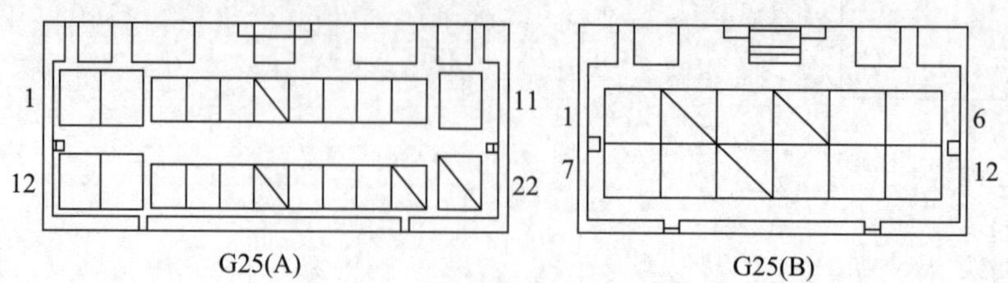

图 4-6-2　智能钥匙控制模块插接器 G25(A)、G25(B) 的外形

表 4-6-1 智能钥匙控制模块插接器 G25(A)、G25(B) 的部分端子功能定义

端子号	功能定义	端子号	功能定义
G25(A)/1		G25(B)/6	
G25(A)/9		G25(B)/12	
G25(A)/10			

任务 7 空调控制模块检修

一、填空题

1. 空调控制模块通过对________电磁线圈和电子膨胀阀等的控制实现制冷功能。

2. 空调控制系统主要由________、________、________、电子膨胀阀、________、________、________等组成。

3. 空调控制模块通过对________等的控制实现采暖功能。

4. 空调控制模块与网关控制模块、车身控制模块通过________进行连接。

5. 空调控制模块外部终端电阻的标准值约为______Ω。

二、判断题

1. 空调控制模块内部设置有舒适网终端电阻。 (   )

2. 在测量空调控制模块 CAN 总线电压时，应将起动按钮置于 ON 挡位。 (   )

3. 更换空调控制模块后，应使用故障诊断仪消除故障码，并测试空调系统制冷与采暖功能。 (   )

4. 测量空调控制模块电源电路熔丝 F2/42 对地电压时，应将起动按钮置于 ON 挡位。（ ）

5. 电动压缩机的工作状态只受空调控制面板的控制。（ ）

三、单项选择题

1. 空调控制系统实现制冷功能的关键部件是（ ）。

A. PTC 加热器　　B. 电动压缩机

C. 日光照射传感器　　D. 温度传感器

2. 比亚迪 e5 的空调控制模块安装在车辆（ ）。

A. 副仪表板下方　　B. 前舱

C. 主驾驶座椅下方　　D. 后舱

3. 空调控制模块插接器 G21（A）/1 端子的功能定义为（ ）。

A. 常电　　B. 搭铁

C. IG4 电　　D. 舒适网 CAN–H

4. 空调控制模块与车身控制模块通过（ ）进行通信。

A. 动力网 CAN 总线　　B. 起动子网 CAN 总线

C. 舒适网 CAN 总线　　D. LIN 总线

5. 在测量空调控制模块 CAN 总线电压时，CAN–L 对地电压的标准值为（ ）V。

A. 0 ~ 1　　B. 1 ~ 2

C. 1.5 ~ 2.5　　D. 2.5 ~ 3.5

四、简答题

1. 简述空调控制系统的主要功能。

2. 简述更换空调控制模块后需要进行的操作。

3. 根据图 4-7-1 所示的空调控制模块电路（局部），分析空调控制模块电源电路和 CAN 总线电路。

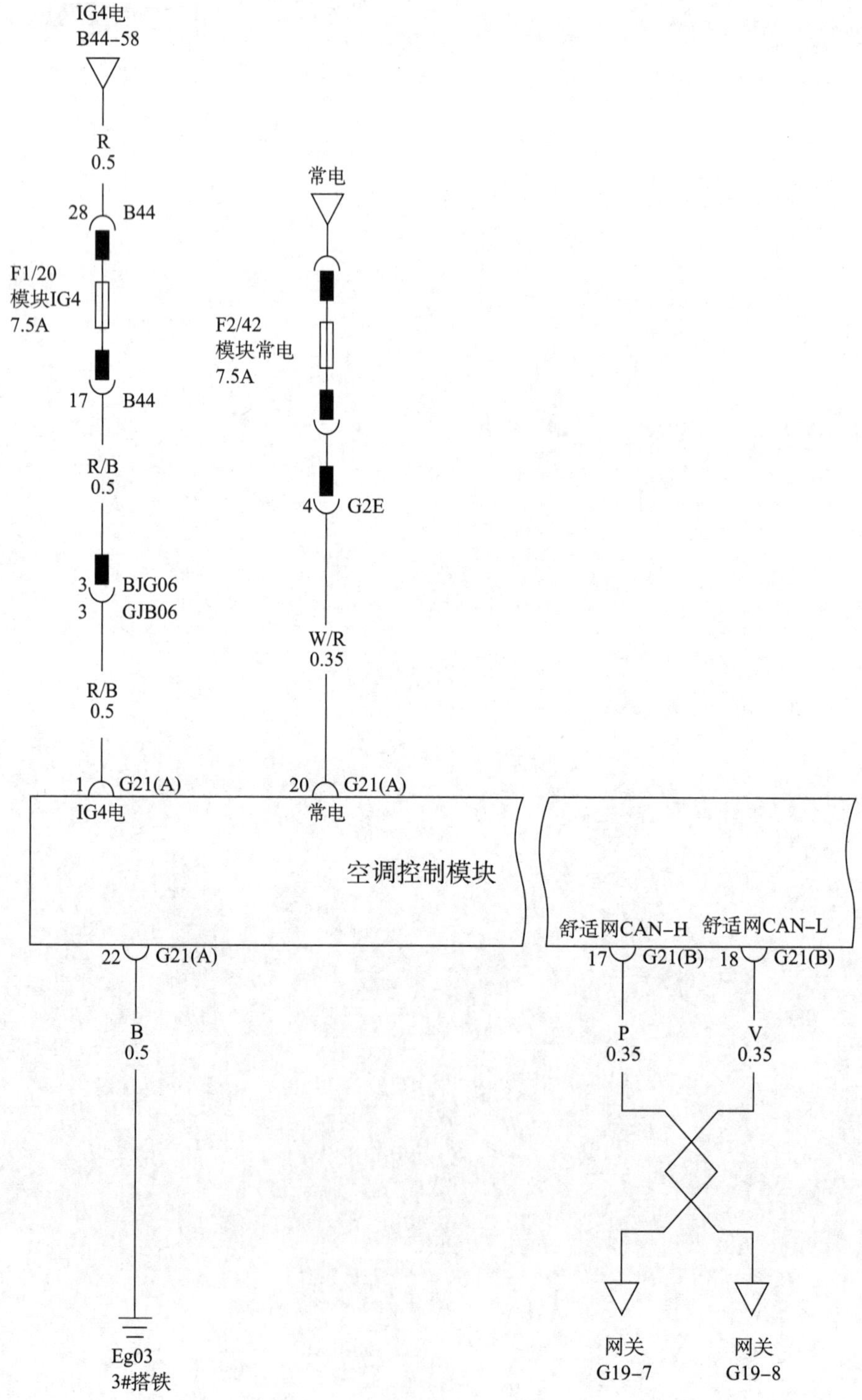

图 4-7-1　空调控制模块电路（局部）

4. 根据图 4–7–2 所示的空调控制模块插接器 G21（A）、G21（B）的外形，在表 4–7–1 中写出其部分端子的功能定义。

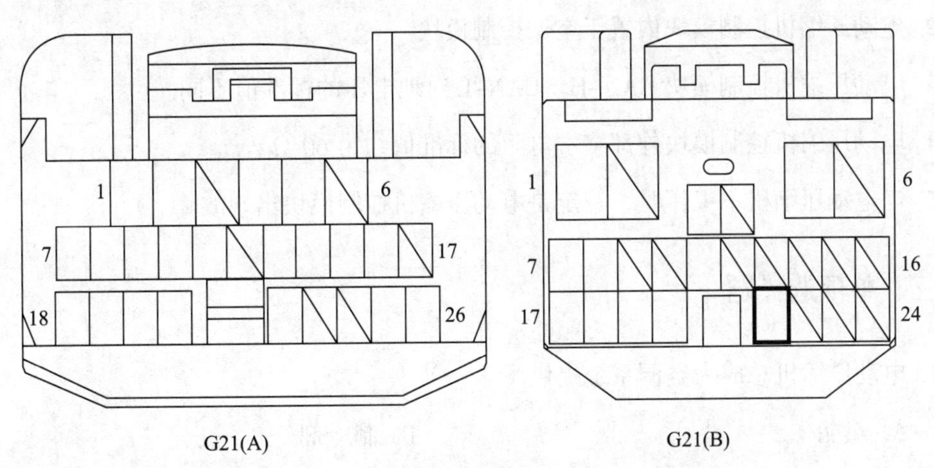

图 4–7–2　空调控制模块插接器 G21（A）、G21（B）的外形

表 4-7-1 空调控制模块插接器 G21(A)、G21(B) 的部分端子功能定义

端子号	功能定义	端子号	功能定义
G21(A)/1		G21(B)/17	
G21(A)/20		G21(B)/18	
G21(A)/22			

任务 8 电动压缩机控制模块检修

一、填空题

1. 电动压缩机总成是新能源汽车空调系统实现________功能的关键部件。

2. ____________________________是负责管理和控制电动压缩机运行的主控芯片。

3. 电动压缩机控制模块由____________供电。

4. 电动压缩机控制模块与空调控制模块通过____________进行连接。

5. 在更换电动压缩机总成之前，应先对车辆进行________、验电操作。

二、判断题

1. 电动压缩机总成具有节能减排功能。 ( )

2. 电动压缩机控制模块内置于空调控制模块。 ( )

3. 电动压缩机控制模块 CAN-H、CAN-L 对地电压的标准值不同。 ( )

4. 电动压缩机控制模块外部终端电阻的标准值约为 60 Ω。 ( )

5. 当电动压缩机不工作时，一定是电动压缩机控制模块出现故障。 ( )

三、单项选择题

1. 电动压缩机总成为空调系统提供（ ）。

A. 热能　　B. 制冷剂

C. 驱动力　　D. 压力

2. 电动压缩机总成的（　　）功能可减少不必要的能量消耗。

A. 驱动与调节　　B. 节能减排

C. 智能控制　　D. 安全保护

3. 电动压缩机控制模块 CAN 总线检测项目不包括（　　）。

A. 终端电阻测量　　B. CAN 总线电压测量

C. 制冷剂流量检测　　D. CAN 总线电压波形检测

4. 电动压缩机控制模块插接器 BA17/1 端子的功能定义为（　　）。

A. 搭铁　　B. IG4 电

C. 空调子网 CAN-H　　D. 空调子网 CAN-L

5. 比亚迪 e5 空调子网的终端电阻设置在（　　）内部。

A. 电动压缩机控制模块和空调控制模块

B. 电动压缩机控制模块和 PTC 加热器控制模块

C. PTC 加热器控制模块和空调控制模块

D. 以上都不对

四、简答题

1. 简述电动压缩机总成的主要功能。

2. 简述电动压缩机总成的组成及各组成的作用。

3. 根据图 4-8-1 所示的电动压缩机控制模块电路，分析电动压缩机控制模块电源电路。

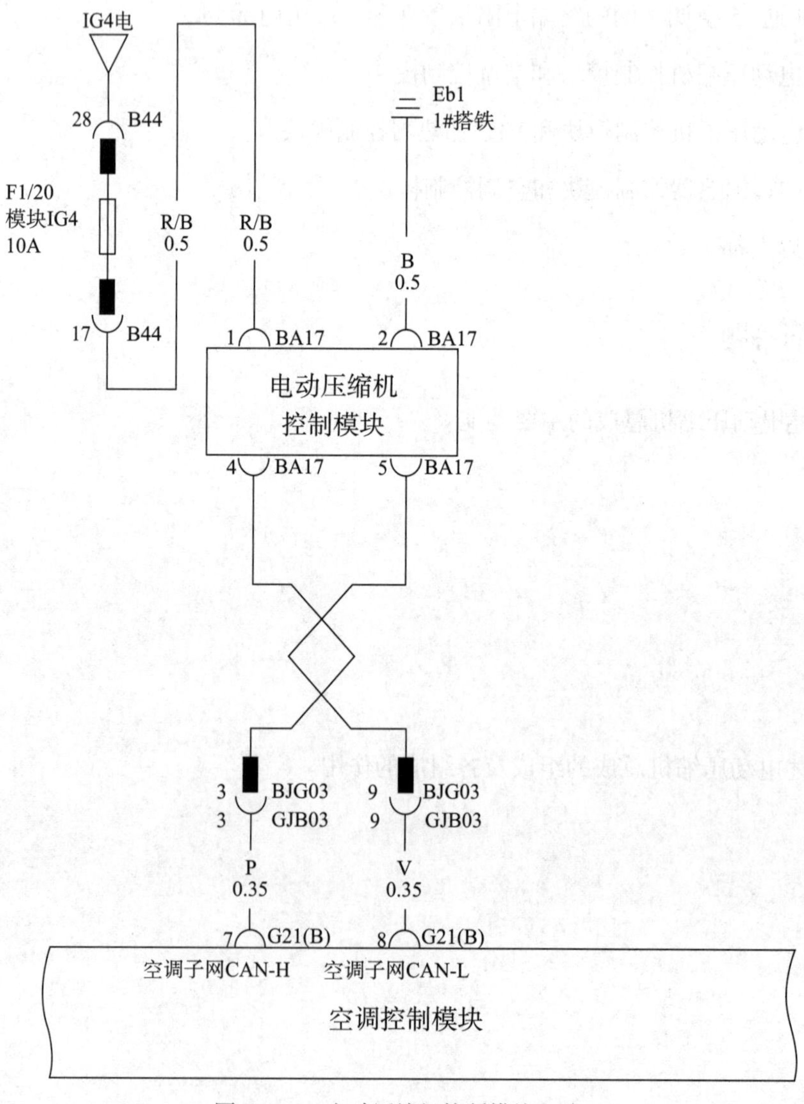

图 4-8-1　电动压缩机控制模块电路

4. 根据图 4-8-2 所示的电动压缩机控制模块插接器 BA17 的外形，在表 4-8-1 中写出其部分端子的功能定义。

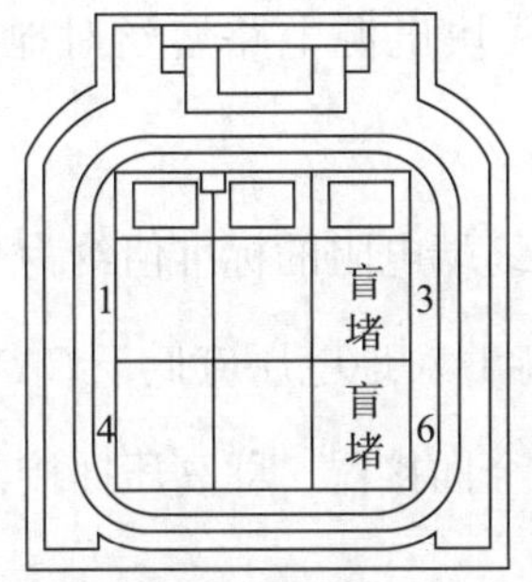

图 4-8-2 电动压缩机控制模块插接器 BA17 的外形

表 4-8-1 电动压缩机控制模块插接器 BA17 的部分端子功能定义

端子号	功能定义	端子号	功能定义
BA17/1		BA17/4	
BA17/2		BA17/5	

任务 9 PTC 加热器控制模块检修

一、填空题

1. PTC 加热器利用________________热敏电阻的工作特性，在电流通过时产生热量。

2. PTC 加热器总成是新能源汽车空调系统实现________功能的关键部件。

3. PTC 加热器总成能够实时监测 PTC 加热器的__________和温度、电流等参数，并将这些信息传输给中央控制系统或驾驶员。

4. PTC 加热器控制模块由__________供电。

5. PTC 加热器控制模块插接器搭铁端子 BA34/2 对地电阻的标准值应_________Ω。

二、判断题

1. PTC 加热器总成具备过热保护、过流保护、短路保护等多重安全保护功能。 （　　）

2. 在测量 PTC 加热器控制模块电源电路熔丝对地电压时，应将起动按钮置于 ON 挡位。 （　　）

3. PTC 加热器控制模块外部终端电阻的标准值约为 120 Ω。 （　　）

4. PTC 加热器控制模块 CAN–L 对地电压应低于 CAN–H 对地电压。 （　　）

5. PTC 加热器总成通常有两个插接器，即高压插接器和低压插接器。 （　　）

三、单项选择题

1. PTC 加热器控制模块的供电电压应为（　　）V。

A. 5 ~ 9　　B. 11 ~ 14

C. 18 ~ 24　　D. 28 ~ 32

2. 当使用故障诊断仪读取 PTC 加热器控制模块的故障码时，应选择（　　）。

A. 动力网　　B. 舒适网

C. 安全网　　D. 信息娱乐网

3. PTC 加热器控制模块电源电路的检测项目不包括（　　）。

A. 测量蓄电池电压　　B. 测量插接器 BA34/1 端子对地电压

C. 测量 PTC 加热器温度　　D. 测量插接器 BA34/2 端子对地电阻

4. PTC 加热器控制模块 CAN–H 对地电压的标准值为（　　）V。

A. 1.5 ~ 2.5　　B. 2.5 ~ 3.5

C. 3.5 ~ 4.5　　D. 4.5 ~ 5.5

5. PTC 加热器总成的低压插接器用于向 PTC 加热器控制模块提供（　　）。

A. 高压电　　B. 低压电

C. 高压电和控制信号　　D. 低压电和控制信号

四、简答题

1. 简述 PTC 加热器总成的主要功能。

2. 简述 PTC 加热器总成的组成及各组成的作用。

3. 根据图 4-9-1 所示的 PTC 加热器控制模块电路，分析 PTC 加热器控制模块 CAN 总线电路。

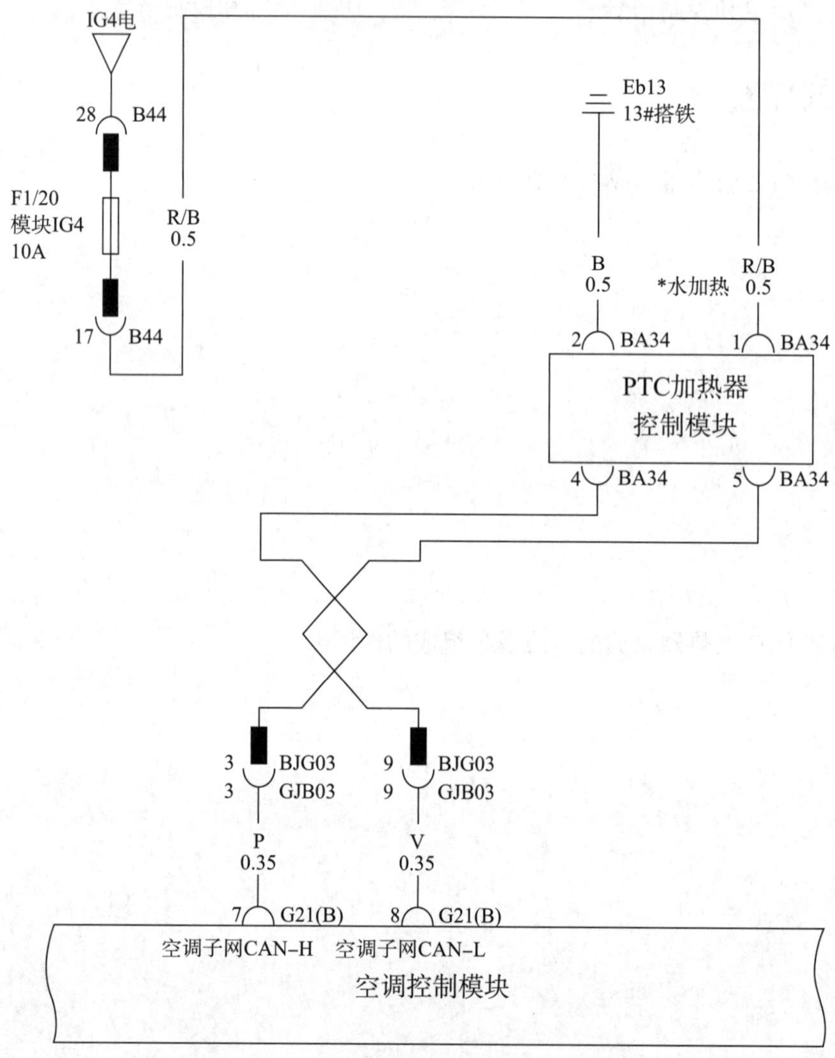

图 4-9-1 PTC 加热器控制模块电路

4. 根据图 4–9–2 所示的 PTC 加热器控制模块插接器 BA34 的外形，在表 4–9–1 中写出其部分端子的功能定义。

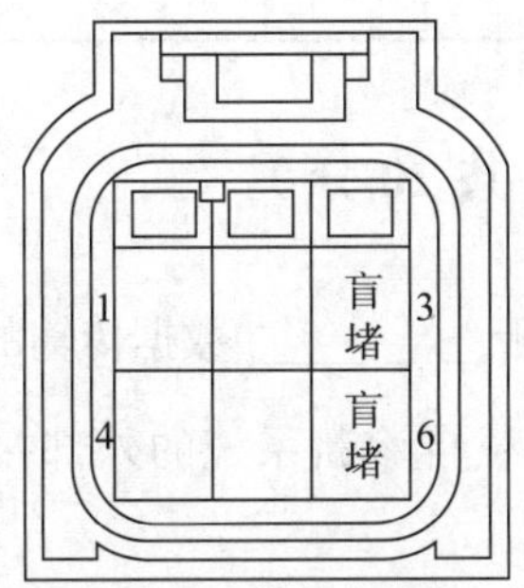

图 4–9–2 PTC 加热器控制模块插接器 BA34 的外形

表 4–9–1 PTC 加热器控制模块插接器 BA34 的部分端子功能定义

端子号	功能定义	端子号	功能定义
BA34/1		BA34/4	
BA34/2		BA34/5	

综合试卷（一）

题目	一	二	三	四	合计
得分					

一、填空题（每空 2 分，共 20 分）

1. MOST 总线系统是一种用于__________数据传输的网络系统。

2. __________________是车载自诊断系统的外部接口，将车载网络 CAN 总线系统诊断线路外接。

3. 以比亚迪 e5 为例，其驱动电机控制模块与网关控制模块、电池管理控制模块通过__________________进行通信。

4. CAN–H、CAN–L 的电压之差称为________电压。

5. 电动车窗控制模块是电动车窗系统的核心部件，通常集成在____________________________内。

6. 空调控制模块通过对__________________等的控制实现采暖功能。

7. ____________是模块间传输数据信息的通道，即所谓的信息高速公路。

8. 数据总线的数据传输速率通常用__________表示。

9. 汽车多媒体系统最初是由____________发展而来的。

10. 新能源汽车车载网络系统的故障类型主要包括电源电路故障、________故障和节点故障等。

二、判断题（每题 2 分，共 20 分）

1. 电池管理控制模块的内部终端电阻和外部终端电阻的标准值是相同的。（　　）

2. CAN 总线系统支持高达 10 Mbit/s 的数据传输速率。（　　）

3. 若网关控制模块内部终端电阻的测量值与标准值偏差过多，说明网关控制模块可能损坏。（　　）

4. 充配电总成外部终端电阻的测量应在断开蓄电池负极电缆和充配电总成插接器后进行。（　　）

5. 更换 ABS 控制模块时，需补充制动液，无须进行基础制动排气。（　　）

6. 车辆高速行驶时，EPS 通过控制阻尼补偿电流进行阻尼控制，增强驾驶员路感，改善车辆高速行驶时的转向稳定性。（　　）

7. 若故障诊断仪能正常读取车身控制模块的故障码，则说明车身控制模块通信正常。（　　）

8. 安全气囊控制模块故障通常可以通过读取故障码进行初步诊断。（　　）

9. 智能进入和起动系统支持的无钥匙进入功能比遥控钥匙进入功能更安全。（　　）

10. PTC 加热器总成具备过热保护、过流保护、短路保护等多重安全保护功能。（　　）

三、单项选择题（每题 2 分，共 20 分）

1. 在高速 CAN 总线系统中，当差分电压为 0 V 时，表示的逻辑状态是（　　）。

A. 显性　　B. 隐性

C. 显性和隐性　　D. 无法确定

2. 在 CAN 总线系统中，（　　）负责将数字信号转换为电信号。

A. CAN 控制器　　B. CAN 收发器

C. 数据传输终端　　D. 数据传输线

3. 网关控制模块 CAN 总线电压波形的正常范围是（　　）。

A. 0 ~ 1 V

B. 12 ~ 24 V

C. 5 ~ 12 V

D. 1.5 ~ 2.5 V（CAN–L）和 2.5 ~ 3.5 V（CAN–H）

4. 通过示波器读取 CAN 总线电压波形时，如果 CAN-L 的最大电压差比正常最大电压差大一倍，说明（　　）。

A. CAN-H 断路　　B. CAN-L 断路

C. CAN-H 对负极短路　　D. CAN-L 对负极短路

5. 在充配电系统中，车载充电机的主要作用是（　　）。

A. 将高压直流电转换为低压直流电

B. 监测电池状态

C. 将交流电转换为直流电，为动力电池充电

D. 控制高压配电

6. ABS 控制模块的主要作用不包括（　　）。

A. 接收轮速传感器的信号

B. 计算制动参数，调节制动压力

C. 防止车轮抱死，提高行车安全性

D. 紧急制动时增加车轮制动力矩，缩短制动距离

7. 电子驻车电机的主要作用不包括（　　）。

A. 在 EPB 工作时，接收 EPB 控制模块的控制指令

B. 向 EPB 控制模块提供驻车开关信号，控制 EPB 启动与解除

C. 带动制动钳活塞移动

D. 产生制动力

8. 在拆卸转向盘之前，必须先（　　）。

A. 断开蓄电池正极电缆　　B. 拆卸转向盘紧固螺栓

C. 拆卸驾驶员安全气囊组件　　D. 拆卸安全气囊游丝

9.（　　）总线系统是一种多主总线。

A. LIN　　B. CAN

C. MOST　　D. FlexRay

10. 当使用故障诊断仪读取 PTC 加热器控制模块的故障码时，应选择（　　）。

A. 动力网　　B. 舒适网

C. 安全网　　D. 信息娱乐网

四、简答题（每题 8 分，共 40 分）

1. 简述电动车窗系统的失效保护功能。

2. 简述控制模块电源电路检测的内容。

3. 简述更换驱动电机控制模块时的注意事项。

4. 根据图综 1–1 所示的安全气囊控制模块电路（局部），分析安全气囊控制模块电源电路。

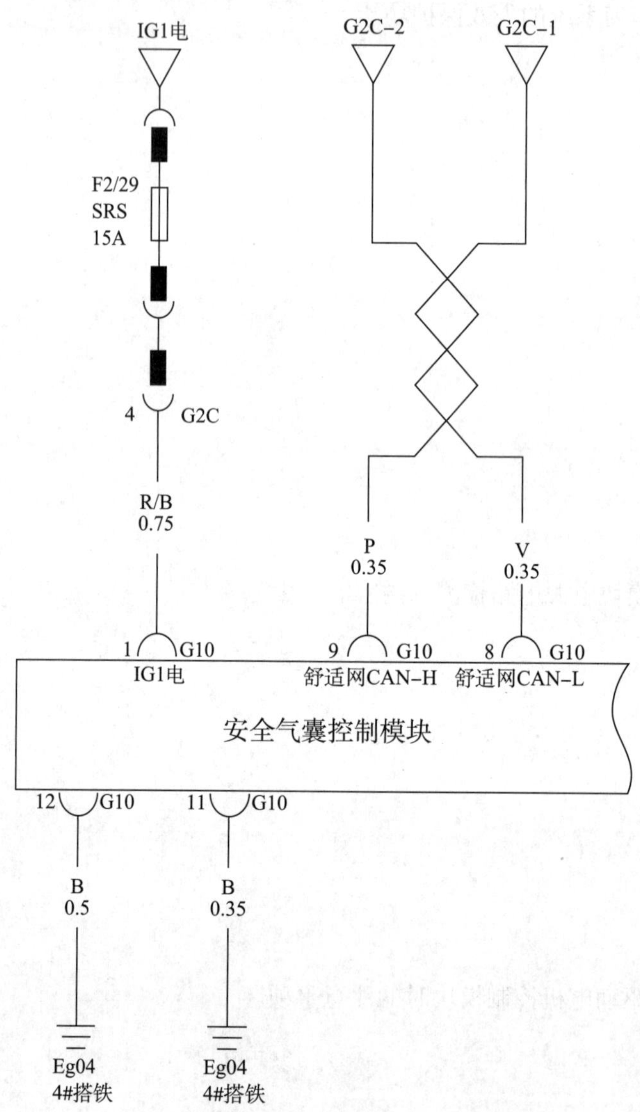

图综 1–1　安全气囊控制模块电路（局部）

5. 根据图综 1-2 所示的空调控制模块插接器 G21(A)、G21(B) 的外形，在表综 1-1 中写出其部分端子的功能定义。

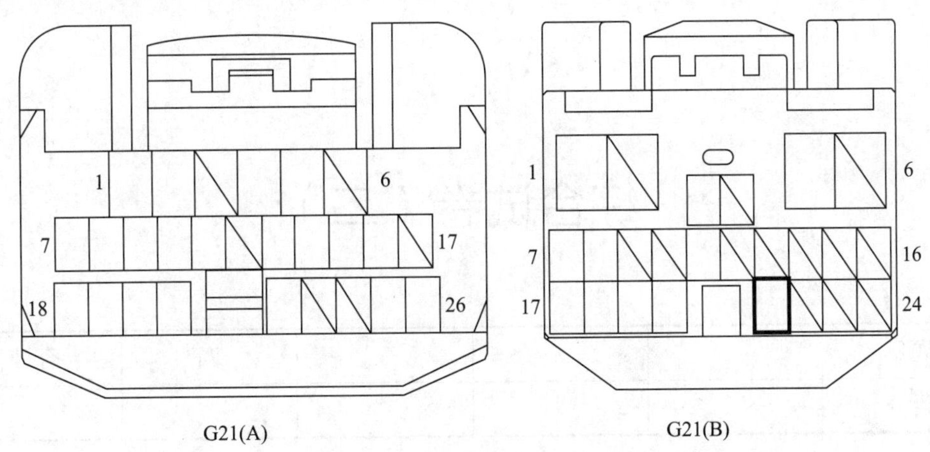

图综 1-2 空调控制模块插接器 G21(A)、G21(B) 的外形

表综 1-1 空调控制模块插接器 G21(A)、G21(B) 的部分端子功能定义

端子号	功能定义	端子号	功能定义
G21(A)/1		G21(B)/17	
G21(A)/20		G21(B)/18	
G21(A)/22			

综合试卷（二）

题目	一	二	三	四	合计
得分					

一、填空题（每空 2 分，共 20 分）

1. 在 CAN 总线系统中，为了防止数据在传输终了被反射回来，需要在 CAN 总线两端安装＿＿＿＿＿＿。

2. 测量 OBD 诊断口电源电路熔丝对地电压时，应将数字式万用表置于＿＿＿＿＿挡。

3. 电池管理控制模块是电池管理系统的核心部件，其主要作用是监测和控制电池的＿＿＿＿＿过程，保证电池在安全、高效的状态下工作。

4. 在车辆加速时，充配电系统迅速为＿＿＿＿＿＿＿＿分配更多电能，以满足动力需求。

5. 在某些车型上，EPB 与＿＿＿＿＿＿功能结合，当车辆在坡道上停止时，EPB 自动施加驻车制动，以防止车辆滑动。

6. 多媒体控制模块由常电、＿＿＿＿＿＿供电。

7. 电动压缩机总成是新能源汽车空调系统实现＿＿＿＿功能的关键部件。

8. LIN 总线系统是一种成本较低的通信网络，可用于实现＿＿＿＿＿电子控制系统网络。

9. 网关控制模块 CAN 总线电压波形可通过＿＿＿＿＿进行测量。

10. 无钥匙进入应用的是＿＿＿＿＿＿原理。

二、判断题（每题 2 分，共 20 分）

1. 数据帧是原始数据的直接传输单元，不需要分割。 （ ）

2. 节点故障属于控制模块故障范畴，分为软件故障和硬件故障两类。 （ ）

3. 驱动电机系统只负责驱动新能源汽车行驶，不涉及能量回馈。 （ ）

4. 整车控制模块是整车控制系统的核心，负责协调各部件的工作。 （ ）

5. EPS 在机械转向机构的基础上，增加了 EPS 电机和减速机构，转向回正控制通过 EPS 电机实现。 （ ）

6. 将变速杆置于 D 挡，并且轻踩加速踏板时，EPB 自动释放驻车制动。 （ ）

7. 在测量组合开关控制模块插接器搭铁端子对地电阻时，应断开所有与搭铁相关的电路。 （ ）

8. 新能源汽车车载网络 CAN 总线系统中所有总线的传输速率都是相同的。 （ ）

9. 更换空调控制模块后，应使用故障诊断仪消除故障码，并测试空调系统制冷与采暖功能。 （ ）

10. PTC 加热器控制模块外部终端电阻的标准值约为 120 Ω。 （ ）

三、单项选择题（每题 2 分，共 20 分）

1. 汽车车载网络系统的主要功能不包括（ ）。

A. 多路传输功能　　B. 故障保护功能

C. 增加电子控制单元数量　　D. 故障自诊断功能

2. 网关控制模块与 ABS 控制模块通过（ ）主总线相连。

A. 动力网　　B. 舒适网

C. ESC 网　　D. 信息网

3.（ ）的主要作用是实时精准监测各单体电池的电压、电流、温度等关键参数。

A. 电池管理控制模块　　B. 电池信息采集器

C. 漏电传感器　　D. 车身控制模块

4. 驱动电机系统的主要作用是将（ ）能转化为机械能。

A. 热　　B. 电

C. 化学　　D. 动

5. 驾驶员安全气囊（DAB）安装在（　　）。

A. 副仪表板上　　B. 转向盘内

C. 仪表板右侧饰板内　　D. 扶手箱内

6. 比亚迪 e5 的电动助力转向系统属于（　　）。

A. 转向齿轮式（P–EPS）　　B. 转向轴式（C–EPS）

C. 转向齿条式（R–EPS）　　D. 小齿轮助力式（P–EPS）

7. 更换车身控制模块后，应先进行（　　）操作。

A. 清除故障码　　B. 上电测试

C. 检测电源电路　　D. 检测 CAN 总线电路

8. 电动车窗系统通过改变（　　）的电流方向来实现车门玻璃的升降。

A. 防夹装置　　B. 控制开关

C. 玻璃升降器电机　　D. 传感器

9. 多媒体控制模块集成在（　　）内部。

A. 组合仪表　　B. 多媒体主机

C. 空调控制面板　　D. 动力控制模块

10. 电动压缩机总成的（　　）功能可减少不必要的能量消耗。

A. 驱动与调节　　B. 节能减排

C. 智能控制　　D. 安全保护

四、简答题（每题 8 分，共 40 分）

1. 简述网关控制系统的主要功能。

2. 简述高压配电箱的主要作用。

3. 简述智能进入和起动系统智能进入功能的工作过程。

4. 根据图综 2-1 所示的多媒体控制模块电路（局部），分析多媒体控制模块电源电路。

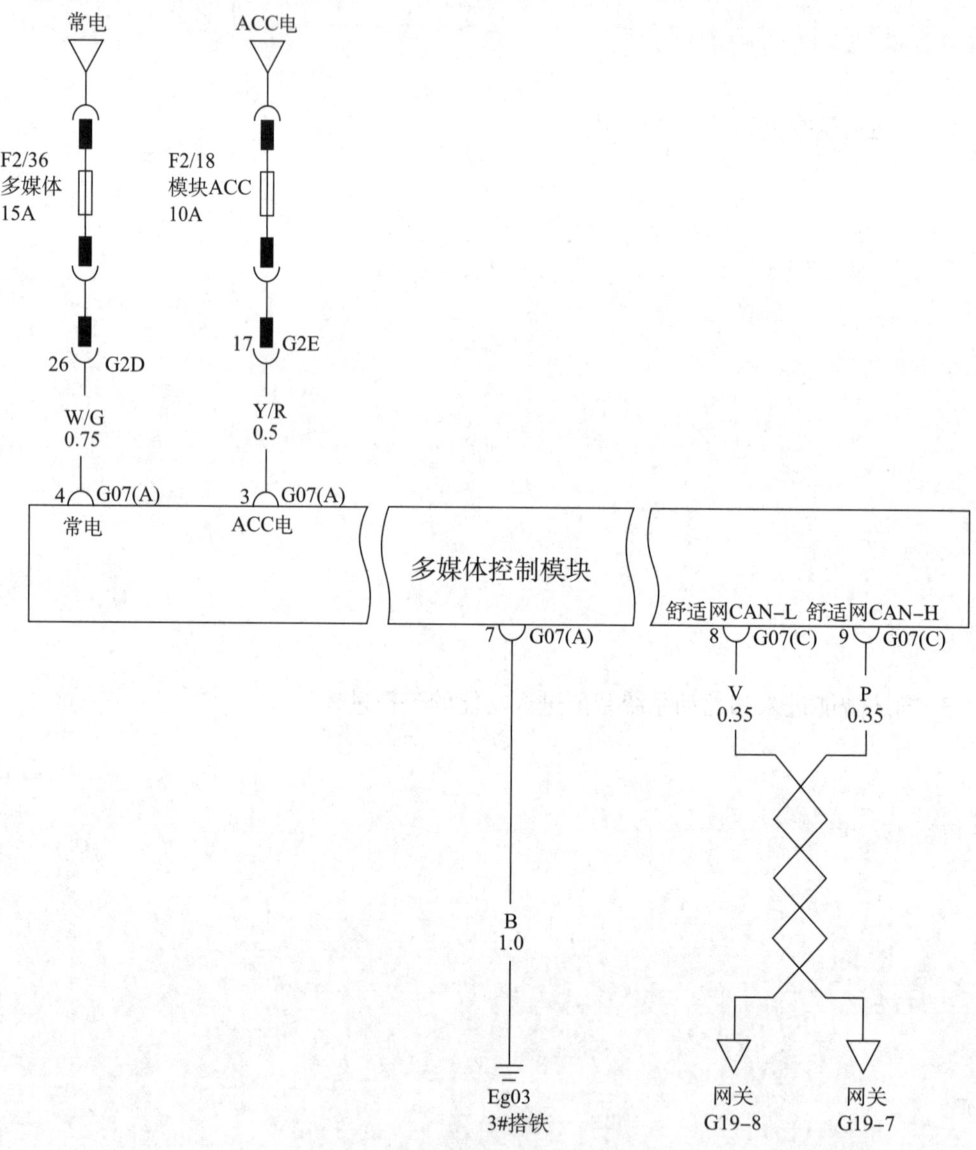

图综 2-1 多媒体控制模块电路（局部）

5. 根据图综 2-2 所示的 EPS 控制模块插接器 B22、B23 的外形，在表综 2-1 中写出其部分端子的功能定义。

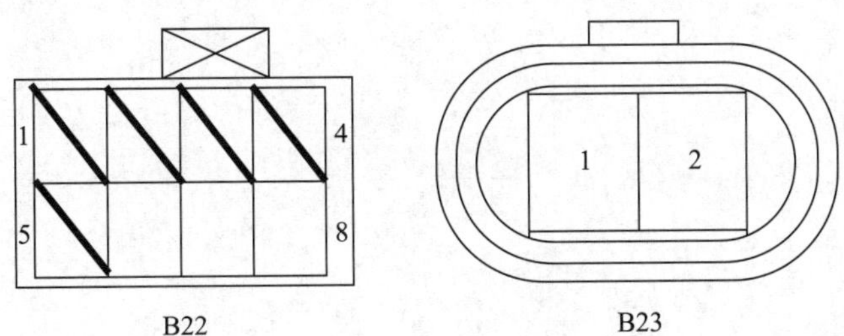

图综 2-2　EPS 控制模块插接器 B22、B23 的外形

表综 2-1　EPS 控制模块插接器 B22、B23 的部分端子功能定义

端子号	功能定义	端子号	功能定义
B22/6		B23/1	
B22/7		B23/2	
B22/8